ALEJANDRO ROSAS

JULIO PATÁN

MORENADAS

HISTORIAS DE CÓMO

DINAMITAR UN PAÍS

CON LA PARTICIPACIÓN DE **ANTONIO GARCI**

 Planeta

© 2022, Alejandro Rosas
© 2022, Julio Patán

Diseño de portada: Planeta Arte & Diseño
Diseño de personaje de portada: © Grupo Pictograma
Fotografía de contraportada: © Karina Macias
Diseño de logotipo "Morenadas": © Contramarea / Mariana Castro
Diseño de interiores: Contramarea / Mariana Castro

Las páginas 272 - 275 son una extensión de la página legal

Derechos reservados

© 2022, Editorial Planeta Mexicana, S.A. de C.V.
Bajo el sello editorial PLANETA M.R.
Avenida Presidente Masarik núm. 111,
Piso 2, Polanco V Sección, Miguel Hidalgo
C.P. 11560, Ciudad de México
www.planetadelibros.com.mx

Primera edición en formato epub: octubre de 2022
ISBN: 978-607-07-9295-3

Primera edición impresa en México: octubre de 2022
ISBN: 978-607-07-9188-8

Impreso en los talleres de Litográfica Ingramex, S.A. de C.V.
Centeno núm. 162-1, colonia Granjas Esmeralda, Ciudad de México
Impreso y hecho en México - Printed and made in Mexico

A QUIEN SE ENCUENTRE ESTE LIBRO:

Escribimos desde la Ciudad de México.
Es octubre de 2022, y el país
está gobernado por Andrés Manuel
López Obrador y Morena.

Seguimos aquí.

Cambio y fuera.

ÍNDICE

MORENADAS

MÉXICO

2022

PRÓLOGO

GRACIAS POR EL TORRENTE DE MATERIAL BIZARRO

Nos lo dicen frecuentemente a mi amigo y camarada de armas, Alejandro Rosas, y a mí: con la 4T, la saga bizarra va a tener que convertirse en una enciclopedia. Vaya, es como pescar con dinamita: el material brota de debajo de las piedras; no hay que molestarse en buscarlo. A riesgo de sembrar en los lectores la idea de que hacer estas *Morenadas* fue de lo más fácil, de que escribirlo no significó el menor problema, de que esto no tiene mérito y somos unos cínicos en busca de dinero fácil, he de decir que es cierto: lo difícil no fue encontrar el material, sino resignarse a seleccionarlo y no convertir esto en un ladrillo de 850 páginas. Tengo que empezar, pues, con una dedicatoria que es un reconocimiento: este libro está dedicado al presidente constitucional de los Estados Unidos Mexicanos, el licenciado Andrés Manuel López Obrador. Presidente: muchas gracias. Gracias por el torrente de material bizarro nacido de sus conferencias de prensa matutinas, sus decisiones en todos los ámbitos, sus elefantes blancos y sus comparecencias ante los líderes del mundo. También, gracias por hacer de su estilo personal de gobernar —para usar palabras de Daniel Cosío Villegas— un modo de ser y de hacer extendido a toda su administración, sus simpatizantes en redes y sus propagandistas en los medios de ayer y hoy. Gracias, en suma, por hacer posible este libro.

¿Es México, en términos históricos, un país particularmente bizarro? No lo creo. Esta pregunta nos la han hecho muchas veces a Alejandro y a mí desde que publicamos, en el remoto 2017, un primer volumen que es eso, un compendio de bizarradas provenientes de todas las épocas y todos los ámbitos de la mexicanidad, desde la política hasta el deporte o la cultura. Se llamó, justamente, *México bizarro*, al que siguieron un segundo volumen y un primo cercano llamado *Pandemia bizarra*. Ahora que los releo, me convenzo aún más de que el mundo es, todo, potencialmente muy bizarro, y lo que hace que un país se desbarranque de forma más clara que otros en ese terreno es que quienes lo gobiernan puedan darse vuelo con todas las excentricidades que les vienen a la cabeza sin encontrar contrapesos. Sí: los gobiernos autoritarios, los gobiernos de uno, se entregan a la bizarrez por una razón: porque se puede.

Por eso es que, hoy por hoy, México es, sin duda, un país particularmente bizarro: porque constituye, al menos en el ámbito del gobierno, la proyección del hombre que lo dirige sin muchos contrapesos desde Palacio Nacional. Porque no hay límites. Eso es, en primera instancia, *Morenadas*: la crónica de la era del Peje. Del sueño de Andrés. De la macuspanidad triunfante. ¿Significa esto que el presidente es el único personaje de este libro, que su personalidad todoabarcante se extiende a estas páginas sin dejar lugar a nadie ni nada más? De ninguna manera. Por el contrario, gracias al titular del Ejecutivo, el morenismo es un lugar muy poblado, en el que han alcanzado a destacar médicos antivacunas, legisladores de extrema izquierda que suplican por no perder su visa gringa, secretarias de Estado que chapotean en albercas con forma de falo, aeropuertos sin aviones, vacunas de aire y pipas fantasma de gasolina.

¿Recuerdan eso que dicen en las películas: «solo me duele cuando me río»? Confío en que, como a mí al escribirlo, este libro les provoque algunos dolores, pero siempre derivados de la risa. Sí, uno puede reírse hasta de las peores desgracias, y créanme que estos cuatro años han sido una desgracia sin precedentes.

Hay otra dedicatoria obligada: este libro, al menos la mitad que me toca, hubiera salido bastante más feíto sin la compañía amorosa e inteligente de Karin Oechler, mi mujer. Gracias, pelona.

Julio Patán

13

«PORQUE JAMÁS
LA 4T SE ATREVIÓ A TANTO»

Voy a ser 90% honesto —suficiente para que la 4T pueda contratarme, aunque no tenga experiencia—, vengo a confesarles los maquiavélicos planes que dieron forma a esta obra. Aunque lo cierto es que no hay intereses oscuros, ni recursos de procedencia ilícita, ni intento alguno de un golpe blando, ni conspiraciones paranoicas, ni Calderón tiene la culpa, ni nada turbio detrás de este libro.

Simplemente nos atropelló la absurda e insólita Cuarta Transformación y la capacidad infinita de nuestro presidente de superarse a sí mismo con una ocurrencia tras otra, tras otra, tras otra, *ad infinitum*.

En 2017, mi querido camarada Julio Patán y yo, en asociación delictuosa con nuestro editor Gabriel Sandoval y gracias a las virtudes creativas del whisky, desarrollamos un concepto que no imaginamos que se convertiría en un éxito: *México bizarro*.

Esa aventura editorial nos dejó buenas regalías —aunque nunca suficientes como para llegarle a alguna de las casas de Manuel Bartlett ni para rentar una propiedad en Houston con todo y su alberquita, como la del hijo de nuestro líder supremo—, pero nos permitió derrotar a los puristas y amarguetas del lenguaje: logramos que el término bizarro se arraigara en la opinión pública; ahora ya es común su uso para señalar que algo es absurdo, extraño o raro, y lo mejor: a Julio y a mí nos identifican con el concepto.

México bizarro nos llevó a la conclusión de que los políticos y su quehacer son los primeros protagonistas de lo absurdo; que lo bizarro no es algo que solo define a los mexicanos: se encuentra en todas las sociedades del mundo, pero en mayor medida en aquellos regímenes donde las ocurrencias intentan suplir al Estado de derecho y acabar con el respeto a las instituciones.

Después de lanzar el primer libro, encontramos tantos temas por contar que a *México bizarro* le siguió un segundo volumen, y luego su primer *spin off*: *Pandemia bizarra*. Con toda honestidad valiente, llegué a pensar que, con el destierro de Santa Claus para poner en su lugar a Quetzalcóatl, el pandita del amor considerado un logro sexenal, la huelga de hambre del expresidente Salinas, una vidente contratada por la PGR para resolver un caso, el «Comes y te vas» de Fox o las puntadas de humorismo involuntario de Peña Nieto, lo habíamos visto todo y que quizás el tiempo nos daría algunas historias más, pero nada fuera del otro mundo. Fuimos ingenuos.

Antes de que comenzara el sexenio de nuestro amado líder, pensamos en un tercer volumen bizarro en el que nuevamente podríamos reunir las historias más absurdas de los protagonistas del momento, pero desde el 1º de diciembre de 2018, cuando el presidente López Obrador invocó a los dioses prehispánicos en la Plaza Mayor y le hicieron una megalimpia el día de su toma de posesión, el gobierno de la 4T desarrolló tal capacidad para las ocurrencias, para la improvisación, para el despropósito, para la salida fácil, para la invención, que se apropió de todas las categorías bizarras.

Nos dimos cuenta de que Morena no había llegado al poder para transformar al país, sino para monopolizar lo bizarro. Desde lo anecdótico y gracioso —como que los bigotes de mi general Felipe Ángeles estén incorporados en el logotipo del nuevo aeropuerto o que tengamos una *playlist* del bienestar con los éxitos musicales de las mañaneras— hasta las obras faraónicas y sin sentido que los mexicanos tendremos que pagar durante décadas —como el Tren Maya, la refinería o el nuevo aeropuerto, que tiene menos aviadores que la Secretaría de Educación Pública—, todo es una sucesión imparable de acontecimientos absurdos.

Tantas ocurrencias de nuestro presidente, de su gabinete, de los gobernadores, de los miembros de su partido, de sus fanáticos, nos permitieron acuñar de manera natural una nueva categoría de lo insólito: *Morenadas*, lo bizarro nivel dios.

Tenemos mucho que agradecer a la 4T, porque a Julio Patán y a mí nos trajo bienestar: una mina de oro tan rica en ocurrencias —como los yacimientos mexicanos de litio—, que no sabemos ni por dónde comenzar. Por lo pronto, van las primeras ochenta morenadas «porque jamás la 4T se atrevió a tanto». Bienvenidos a este recorrido por un México en el que las ocurrencias y la improvisación dejaron de ser anécdotas para convertirse en forma de gobierno.

Alejandro Rosas

OCURRENCIAS

POCO TIEMPO ANTES DE LA CONSULTA PARA LA REVOCACIÓN DE MANDATO, EN ABRIL DE 2022, LORENZO CÓRDOVA, CONSEJERO PRESIDENTE DEL INE, TUVO UNA REUNIÓN CON EL EXPRESIDENTE DE ESPAÑA JOSÉ LUIS RODRÍGUEZ ZAPATERO. DICEN QUE ESTE DIÁLOGO FUE REAL Y MÁS O MENOS EN ESTOS TÉRMINOS:

ZAPATERO: OIGA, ESTO DE LA REVOCACIÓN DE MANDATO, ¿ES CIERTO QUE LA ESTÁ PIDIENDO EL PRESIDENTE?

CÓRDOVA: SÍ, TAL CUAL.

ZAPATERO: PERO ¿LA OPOSICIÓN NO LA PIDE?

CÓRDOVA: PUES NO, NO LA HA PEDIDO.

ZAPATERO: PERO LA PIDE EL PRESIDENTE.

CÓRDOVA: SÍ, EL PRESIDENTE.

ZAPATERO: ¿NO ES EXTRAÑO?

CÓRDOVA: A MÍ ME TOCA ORGANIZARLA.

LO QUE LORENZO YA NO LE CONTÓ A ZAPATERO ES QUE NUESTRO JEFE MÁXIMO, QUE ESTUVO DURO Y DALE, DURO Y DALE CON LA CONSULTA, FUE A VOTAR Y TUVO LA OCURRENCIA DE ESCRIBIR EN LA BOLETA: «VIVA ZAPATA».

Ningún gobierno anterior ha sido ajeno a las ocurrencias, es casi una regla de la política mexicana (véase *México Bizarro* 1 y 2), pero el gobierno de la 4T ha hecho de las ocurrencias una forma de gobierno. «Se han privilegiado la improvisación y las ocurrencias», dijo Cuauhtémoc Cárdenas en la presentación de su libro *Por una democracia progresista*.

Nuestro presidente tuvo, cuando menos, 12 años para desarrollar un proyecto de nación sólido, bien estructurado, asesorado por especialistas en las diferentes materias de la administración pública, con presupuestos que solo debían ajustarse una vez que llegara a la presidencia, pero prefirió llegar a gobernar «sobre la marcha».

—Quiero un tren maya —dijo el presidente.

—Pero, señor, tenemos datos de excavaciones e investigaciones en la zona para afirmar que la península de Yucatán es una fuente inagotable para la arqueología y el estudio y conservación de la biodiversidad.

—Eso es neoliberal. Quiero un tren maya y también quiero el ferrocarril transístmico.

QUIERO MI TREN Y TAMBIÉN QUIERO DESARROLLAR UN PROGRAMA PARA QUE YA NO HAYA BACHES EN EL PAÍS, Y QUIERO COMPRAR PIPAS PARA DISTRIBUIR LA GASOLINA Y ASÍ GANARLES A LOS HUACHICOLEROS, Y QUIERO QUE LA GENTE TENGA CRÉDITOS A LA PALABRA, AUNQUE NO LOS PAGUE...

—Pero, señor, el ferrocarril transístmico fue un éxito solo siete años, de 1907 a 1914. Cuando inauguraron el canal de Panamá, se vino abajo.

—No me importa, quiero mi tren y también quiero desarrollar un programa para que ya no haya baches en el país, y quiero comprar pipas para distribuir la gasolina y así ganarles a los huachicoleros, y quiero que la gente tenga créditos a la palabra, aunque no los pague, y que no haya exámenes de admisión en las universidades públicas para que todo sea parejo, y quiero rifar el avión presidencial tantas veces como sea necesario, y quiero vivir en Palacio Nacional y deshacerme de Los Pinos, aunque haya sido un proyecto de austeridad del general Cárdenas, y quiero devolverle al pueblo lo robado, y quiero que desarrollemos un programa espacial y que el beisbol se convierta en el deporte nacional y construir estadios y crear una carrera para la formación de técnicos en el deporte y escuelas para atletismo, box y beisbol.

—Pero, señor...

—Quiero que la gente decida si juzgamos a los expresidentes, aunque yo ya los perdoné; quiero consultar todo con el pueblo bueno, porque la democracia participativa es lo de hoy. Quiero envolverme en el nacionalismo cardenista, ese es el mero bueno, aunque el mundo se encuentre en otro contexto. Ya no quiero licitaciones sino adjudicaciones directas, quiero militarizar al país, quiero derrotar al crimen organizado con abrazos y demostrar que el amor todo lo puede.

—Don And...

—Y quiero un aeropuerto austero para ponerle Felipe Ángeles, aunque no tenga vuelos, y quiero una refinería en Tabasco, aunque no refinemos nada hasta dentro de unos años, pero la quiero para ganarle a la barda que construyó Calderón, y quiero destruir el Seguro Popular, por corrupto, para crear un nuevo sistema de salud al estilo danés, en el que podamos incorporar la homeopatía, los remedios caseros, la herbolaria y la medicina de los antiguos mexicanos, porque antes de la invasión española ellos tenían todos los conocimientos del universo. Y quiero ofrecerle a Biden nuestra gasolina barata, pero sin decirle que cada litro tiene un subsidio de hasta 12 pesos, y quiero que nuestros migrantes estén muy contentos en Estados Unidos para que sigan enviando remesas, y quiero que impere la austeridad republicana y adoptar la pobreza franciscana y que no haya meritocracia.

Una ocurrencia era convertir el nacimiento del pandita del amor en 1981 en un logro del gobierno; una ocurrencia era contratar a una vidente —la Paca— para solucionar un crimen en 1995; una ocurrencia era que un expresidente se fuera a una huelga de hambre en 1995. Las ocurrencias eran casos aislados. A casi cuatro años de gobierno, las ocurrencias se han convertido en proyecto de nación.

AR

QUIERO SER EL AMIGO
QUE RECORRE TU CAMINO

ERES MI AMIGO FIEL

EL PRESIDENTE PEÑA NIETO Y LÓPEZ OBRADOR SE REUNIERON EN PALACIO NACIONAL PARA SELLAR SU AMISTAD.

> **LA DESESPERANZA Y EL DESASOSIEGO NOS INVADEN CADA VEZ QUE ESAS MALINTENCIONADAS VOCES DE SIEMPRE ASEGURAN QUE HUBO UN ARREGLO EN LO OSCURITO; QUE LAS DOS VECES QUE EL PRESIDENTE PEÑA NIETO Y LÓPEZ OBRADOR SE REUNIERON EN PALACIO NACIONAL, DESPUÉS DE LAS ELECCIONES DE 2018, LO HICIERON PARA SELLAR UN PACTO DE IMPUNIDAD.**

¿Por qué no creer en el valor de la amistad, en el poder de la bondad, en la fuerza del perdón? Virtudes todas que reúne López Obrador. ¿Por qué no creer que no predica venganzas, que lo mueve el amor por sus compatriotas y que se ha hecho uno mismo con la patria?

López Obrador y Enrique Peña Nieto escribieron una de las historias más bellas sobre la amistad jamás contada. Nuestro presidente bien pudo cantarle a Peña Nieto aquella conocida canción de Menudo de los años ochenta: «Quiero ser el amigo que recorre tu camino / y no le importa la sorpresa del destino. / Día y noche siempre estaré junto a ti / quiero ser».

Cualquier persona hubiera pensado que era imposible que floreciera una amistad entre ellos, sobre todo porque después de las elecciones de 2012 nuestro gran tlatoani no le dio cuartel a Peña Nieto.

En los primeros meses del sexenio, cuando Peña Nieto puso tras las rejas a Elba Esther Gordillo, López Obrador escribió: «En busca de legitimidad el corrupto de EPN». En 2014, el presidente viajó a España y más tardó en mostrar su pase de abordar que en recibir la crítica del hombre de Macuspana: «Boato y parafernalia en España. EPN como Santa

Anna: oprime al pueblo, traiciona a la patria, se cree alteza serenísima».

Su resumen sobre los primeros 100 días del gobierno de Peña Nieto fue una joya: «100 días; 50 grabando la telenovela *Frívolos y corruptos*; 30 aumentando combustibles y tramando lo del IVA y petróleo; 20 de placer». Le llamó cínico, corrupto, incapacitado para gobernar, ninguneado por el extranjero, sugirió que renunciara y llegó a denunciarlo ante el Ministerio Público por traición a la patria. Al parecer no había lugar para la amistad donde solo florecían espinas.

Pero siempre hay lugar para la esperanza, y una vez que López Obrador ganó las elecciones de 2018, le mostró a Peña Nieto la nobleza de su corazón. Se reunieron en Palacio Nacional, se estrecharon la mano, sonrieron. El todavía presidente lo llevó por cada rincón de la centenaria construcción, y aunque López Obrador había dicho que no viviría ahí, los ojos le brillaron y se imaginó colgando su ropa en el tendedero de la historia, ahí donde don Benito también colgó sus camisas y calzones hace más de cien años.

Peña Nieto le entregó el poder el 1º de diciembre de 2018 y salió del país por la puerta grande. No partió al exilio, quería unas vacaciones, reencontrarse con el amor y con la pasión, vivir de sus rentas y reinventarse, porque su relación con Angélica Rivera estaba más muerta que el PRI y el PAN después de las elecciones.

Viajó y recorrió Europa, se dejó retratar en España en plan conquistador, sonriente y relajado, más repuestito. Incluso lo vimos en alguna boda, mostrándonos que bailaba tan mal como había gobernado. Pero qué importaba, si era feliz.

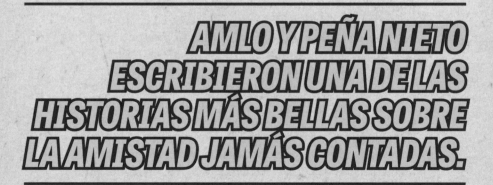

AMLO Y PEÑA NIETO ESCRIBIERON UNA DE LAS HISTORIAS MÁS BELLAS SOBRE LA AMISTAD JAMÁS CONTADAS.

Y conforme pasaron los días y en sus mañaneras el presidente López Obrador no hablaba de él, sino del diablo encarnado en la forma del expresidente Felipe Calderón, Enrique supo que en Palacio Nacional tenía un amigo fiel que no lo perseguiría porque ambos habían sido víctimas, en distintos momentos, de la mafia del poder.

Así lo explicó López Obrador en abril de 2022: «Respeto al expresidente Peña Nieto. Le tengo consideración y respeto porque, a diferencia de Calderón, de Fox y de otros, no se metió en la elección de 2018. Tengo información de que los "machuchones", los que se sentían dueños de México, lo buscaron para que se juntaran como ahora, en contra mía, durante la campaña».

> —TE ENTIENDO, ENRIQUE, ES LA MAFIA DEL PODER, SON LOS DE SIEMPRE. PERO RECONOZCO TU VALOR. TE RESPETO. AQUÍ TIENES A UN AMIGO.

Y cómo no agradecerle a Peña Nieto su entereza para no dejarse presionar, para no prestarse a un fraude para imponer a otro candidato.

—Es que, Andrés —le dijo Peña Nieto con lágrimas en los ojos en aquella reunión en Palacio días después de la elección presidencial—, les di todo, les condoné impuestos, les di contratos y me traicionaron. Yo no quería hacerte daño, el pueblo te quería a ti.

Andrés Manuel posó su mano sobre el hombro de Peña Nieto y expresó:

—Te entiendo, Enrique, es la mafia del poder, son los de siempre. Pero reconozco tu valor. Te respeto. Aquí tienes a un amigo. Lo único que lamento es que los empresarios y la televisora que te llevaron al poder te hubieran convertido en el payaso de las cachetadas. Pero no vas a sufrir más. Tú no eres mi enemigo, lo es Felipe Calderón. Confía en mí.

Y fiel a su costumbre, López Obrador honró su palabra. A pesar de que el pueblo bueno votó por enjuiciar a los expresidentes, Enrique Peña Nieto, todo un enamorado del amor, todo un *bon vivant*, todo un gigoló, vive tranquilo. Hoy por hoy, es el mexicano más feliz del mundo gracias a la 4T. Triunfó la amistad, no la impunidad.

AR

EL CÓDICE SHEINBAUM

YA TIENE A SUS TLACUILOS REESCRIBIENDO LA HISTORIA MEXICANA EN EL CÓDICE SHEINBAUM.

SE VIO COMO LA *PRIMERA TLATOANI* DE LA HISTORIA; SEGURAMENTE YA MANDÓ HACER *SU PROPIO PENACHO* PARA NO ENTRAR EN PLEITO POR EL DE MOCTEZUMA, AL FIN QUE ESTÁ A PUNTO DE DESINTEGRARSE...

A Claudia Sheinbaum todavía le falta camino para ser ungida por nuestro amado líder en el gran teocalli de tablarroca que levantaron en la plaza mayor para conmemorar los 500 años de la caída de Tenochtitlan y guiar a los mexicanos hacia la nueva Tenochtitlan.

Pero en tanto llega el destape, Claudia ya mandó borrar parte de la historia, como lo hizo el cuarto tlatoani Izcóatl, para que nadie supiera del pasado mexica de pueblo subyugado y humillado, y así comenzó la historia oficial.

Con la bendición del presidente, Claudia ya tiene a sus tlacuilos reescribiendo la historia mexicana en el Códice Sheinbaum, que llegará a ser el libro de texto gratuito de Historia en el futuro.

De acuerdo con el códice Sheinbaum, las tribus que salieron del actual estado de Nayarit —donde se cree que se encontraba Aztlán— se dieron una perdida marca diablo —aunque el diablo no existía, a ese lo trajeron los españoles y por eso sí deberían ofrecernos una disculpa—; lo peor de todo es que los aztecas se tardaron más de 200 años en encontrar un águila posada sobre un nopal. La peregrinación les llevó más de dos siglos, no obstante que Google Maps señala que el recorrido a pie desde Nayarit a la CDMX tomaría siete días y 16 horas. No cabe duda de que desde ese momento se jodió México.

ARQUEÓLOGOS, HISTORIADORES Y ESPECIALISTAS SE QUEDARON PERPLEJOS. «¿DE CUÁL FUMARÁ LA JEFA DE GOBIERNO?».

Como la jefa de gobierno dice ser feminista, en los primeros días de enero de 2021 tuvo una revelación, una epifanía como es propio de una elegida: la participación de la mujer en la fundación de Tenochtitlan había sido fundamental y debía reivindicar su lugar, por lo que afirmó que en 1321 se había llevado a cabo la fundación lunar de Tenochtitlan, un hecho tan feminista como su gobierno. Como fue una revelación, no necesitó presentar pruebas.

«¿Cómo, cómo, cómo?», preguntó la opinión pública, mientras que uno de sus tlacuilos le pasaba un papelito donde le escribieron una versión recogida de la *Crónica Mexicáyotl* que, interpretada según su real gana, señalaba que una mujer de nombre Quetzalmoyahuatzin había dado a luz en el pueblo a un hijo llamado Contzallan, quien fue el «primer culhua-mexica libre del yugo de los colhuas dominadores», y con ese argumento tan claro, tan preciso, tan contundente, decretó 1321 como el año de la fundación lunar de Tenochtitlan.

Arqueólogos, historiadores y especialistas se quedaron perplejos. «¿De cuál fumará la jefa de gobierno?», se preguntaron y coincidieron en que era una invención a modo para hacer coincidir una triple celebración del gobierno de la 4T en 2021: los 700 años de la fundación lunar de Tenochtitlan —que nunca ocurrió—, los 500 años de su caída y los 200 años de la consumación de la Independencia.

La 4T organizó la cargada para apoyar la versión azteca *new age* del Códice Sheinbaum; incluso el Banco de México acuñó una moneda alusiva a «los 700 años de la fundación lunar de la ciudad de México-Tenochtitlan», que curiosamente lleva la imagen de una escultura: «el gran teocalli de la guerra sagrada», que establece 1325 como el año de fundación de Tenochtitlan, como coinciden los arqueólogos.

Ya entrada en gastos, casi encarnando a Coatlicue, la madre de los dioses mexicas, la jefa se echó otras verdades históricas de su ronco pecho —aprobadas por el gran tlatoani actual— y las mandó escribir en el Códice Sheinbaum: que la conquista de México no fue conquista, sino invasión; que no conmemoramos los 500 años de la caída de Tenochtitlan, sino que celebramos «500 años de resistencia indígena»; que Tecuichpo, la hija de Moctezuma, representa la férrea resistencia femenina contra el opresor español, no obstante que fue conocida como Isabel de Moctezuma, se casó varias veces con distintos españoles y llegó a tener una de las más grandes encomiendas del valle de México y miles de indígenas a su servicio y explotación.

Por si fuera poco, el presidente y su jefaza de gobierno han dicho una y otra vez que los pueblos originarios fueron violentados por los españoles, pero ocultaron que las tribus aztecas, originarias del norte, llegaron de Aztlán a violentar a los pueblos originarios del valle de México, los sometieron, los explotaron y hasta se comieron a no pocos de sus pobladores.

Pero como para la 4T si la historia no coincide con su ideología, peor para la historia, así Claudia Sheinbaum rebautizó el conocido árbol de la Noche Triste como el árbol de la Noche Victoriosa —le faltó «y feliz»—, aunque para los tlaxcaltecas, aliados de los españoles, fue una noche muy triste, por los cientos de hombres que murieron. Eso no le importa a la jefa Claudia, porque a sus ojos Tlaxcala no existe. También cambió el centenario nombre de la avenida Puente de Alvarado por el de México-Tenochtitlan para vengarse, cinco siglos después, por la matanza del templo mayor perpetrada por Pedro de Alvarado, y quitó la estatua del genocida Cristóbal Colón del Paseo de la Reforma para colocar en el Museo de San Carlos las estatuas de dos hermanas de la caridad, humanistas a ultranza: Fidel Castro y el Che Guevara. Lo mejor es que te puedes sentar entre ellos para tomarte una *selfie*, para rememorar parte de la historia de la nueva Tenochtitlan, pues aquí fraguaron su revolución.

AR

EL CASO DE LOS VENTILADORES ASESINOS

CON USTEDES, EL EJEMPLO MÁS
ACABADO DE TECNOLOGÍA
MODELO 4T: EL ARMA SUPREMA
CONTRA EL COVID.

EL VENTILADOR EHÉCATL ES CARO,
NO SE DISEÑÓ EN MÉXICO Y ESTÁ ENVUELTO
EN MEDIAS VERDADES.

María Elena Álvarez-Buylla, titular del Consejo Nacional de Ciencia y Tecnología, el Conacyt, exhibía un optimismo a toda prueba. México, gracias a los ventiladores para covid que desarrollaría el organismo a su cargo, alcanzaría la soberanía respiratoria, vino a decir con otras palabras, porque al presidente de este país, sabemos, le encantan las soberanías.

Ese optimismo era una luz en la oscuridad. En julio de 2020, cuando doña María Elena anunció que México lanzaba un par de respiradores con tecnología 100% nacional, el planeta sufría los golpes más crueles de la pandemia, con una enorme cantidad de personas atadas a camas con «respiración mecánica», es decir, en lenguaje llano, «intubadas». En consecuencia, los ventiladores eran un bien caro y escaso. Por fortuna, decía entre sonrisas la jefaza del Consejo, el espíritu indomable de los pueblos ancestrales venía, otra vez, en nuestra ayuda. En apenas cinco meses, el Conacyt había logrado producir un ventilador de nombre debidamente prehispánico: el Ehécatl, que se sumaba al Gätsi (*suspiro*, en otomí), creado por una empresa local con un poquitín de ayuda pública.

La doctora no cabía en sí. Que iban a producir 500 y 500, dijo. Que eran más baratos que los importados. Pero llegó incluso más lejos: que «se trata del nacimiento de una industria nacional para salvar vidas», dejó caer, exultante. No hay por qué sorprenderse. El Consejo, bajo su mandato, se guía por un equilibrio insospechado entre un comunismo de esos que hacen loas a la medicina cubana y a la «ciencia no neoliberal», y un esoterismo de corte prehispanista, entre cantos a la medicina tradicional y tributos sentidísimos al espíritu del maíz, que como todos sabemos es una planta sagrada. Así, nos recordó que Ehécatl es una deidad muy generosa: el dios del viento entre los mexicas, un dios al que debemos, entre otras

---

QUE IBAN A PRODUCIR 500 Y 500, DIJO. QUE ERAN MÁS BARATOS QUE LOS IMPORTADOS.

---

cosas, el maguey, otra planta sagrada. También celebraron los ventiladores el presidente, que dio la orden de que se desarrollara este proyecto respiratorio, el secretario de Salud, Jorge Alcocer, y el responsable de la pandemia, Hugo López-Gatell.

Pero los dioses son caprichosos y crueles, incluso los dioses aztecas, que son dioses no neoliberales y, por lo tanto, pensaría uno, bondadosos. Primero, nos enteramos de que la «tecnología cien por ciento mexicana», que desde 2018 es no neoliberal, en realidad era 100% gringa y 200% neoliberal: la del Ehécatl la desarrolló el Instituto Tecnológico de Massachusetts. Luego, supimos que el costo por ventilador se había disparado: hasta casi un 90% en el caso del Ehécatl y un no desdeñable 20% en el del Gätsi. Luego, los retrasos: los ventiladores se perdieron el primer pico de la pandemia, y el segundo pico, y alguno más. María Elena prometió que el proyecto estaría cerrado para mediados de mayo de 2020. Acabó por presentarlo dos meses después, en julio, pero en papel: los primeros equipos no se materializaron sino hasta finales de 2021. Por añadidura, 200 de esos equipos fueron donados a Cuba, el país que se supone que es nuestro modelo de salud pública. Lo que provocó un momento incómodo en una conferencia mañanera, cuando Liz Vilchis, la muy popular encargada de la sección «Quién es quién en las mentiras», dijo que no era cierto que hubiéramos donado 200 ventiladores a la isla: que solo fueron 150 de un modelo y 50 del otro.

Lo que resulta decididamente injusto es calificar esos equipos de inútiles, como lo hicieron tantas voces malintencionadas, entre comentarios de que iban a servir para inflar globos en las fiestas infantiles. El Ehécatl no es inútil: es peligroso. La intubación es un procedimiento complejo y delicado que exige aparatos de alta precisión. Es muy fácil causarles un daño irreversible a los pulmones, de manera que el oxígeno debe entrar de manera muy medida, con exactitud de alta tecnología. No parece ser lo que ofrece el dios del viento. Para no entrar en tecnicismos, podemos usar las palabras de un especialista del ISSSTE: «Es, francamente, muy difícil que eso se pueda lograr así, con un mecanismo con una bolsa nada más, que está ahí, apachurrando el sistema mecánico». La ciencia no neoliberal admite términos como *apachurrar*, efectivamente.

En pocas palabras, el Ehécatl podría ser un proyecto magnífico, salvo que es caro, no lo diseñamos en México y llegó tarde y envuelto en medias verdades. Tal vez por eso es que resulta tan justo, tan procedente, su nombre completo: «Ehécatl 4T».

JP

CUADRO DE HONOR DE LA 4T

NOMBRE: GERARDO FERNÁNDEZ NOROÑA, ALIAS DIPUTADO CHANGOLEÓN; CHANGOLEÓN LEGISLATIVO; NORROÑA
CARGO: DIPUTADO FEDERAL POR EL PARTIDO DEL TRABAJO

ANTECEDENTES: Se niega a usar cubrebocas, a los que llama «mordaza», en cualquier contexto. En el aeropuerto, por ejemplo, donde entró en conflicto, a gritos, con varios ciudadanos en la zona de entrega de equipaje. También lo hemos visto gritarles a dos adultos mayores; pelear en Twitter con el Travieso Arce, excampeón mundial de boxeo, y recomendarle que se haga un examen de cerebro, y llamar ignorante a otra mujer en el aeropuerto y preguntarle si se ha visto en el espejo. Viaja mucho, pero su campo de acción ideal es la Cámara de Diputados. A la diputada panista Annia Sarahí Gómez le hizo la señal del dedo, mientras que a otro diputado, Jorge Triana, lo amenazó con «romperle la madre».

FRASE CÉLEBRE:

«¿QUÉ LES PREOCUPA? SI SE MUEREN VAN A VER A SU DIOS».

(DURANTE LA PANDEMIA).

HOUSTON, TENEMOS UN PROBLEMA

QUE EL HIJO DEL PRESIDENTE TENÍA UNA CASA DEMASIADO LUJOSA EN HOUSTON. QUE HAY VARIOS CONFLICTOS DE INTERÉS. ES EL ESCÁNDALO DE LA CASA GRIS, UN COMPLOT MÁS DE LOS CONSERVADORES.

EN ENERO DE 2022, UNA INVESTIGACIÓN REVELÓ QUE UNO DE LOS HIJOS DEL TITULAR DEL EJECUTIVO, JOSÉ RAMÓN LÓPEZ BELTRÁN, HABÍA VIVIDO EN HOUSTON EN CONDICIONES FRANCAMENTE ENVIDIABLES.

LA MALA SUERTE QUISO QUE JUSTO LE RENTARA UNA CASA AL HIJO DEL PRESIDENTE DE MÉXICO.

Parece imposible desactivar la campaña conservadora. De hecho, la campaña conservadora duró semanas, semanas, semanas. Semanas interminables, durante las cuales a nuestro presidente se le vio desencajado, con un estado de ánimo lleno de vaivenes, entre el mal humor y los raptos de violencia verbal. Se entiende. En enero de 2022, una investigación del portal Latinus y la organización civil Mexicanos Contra la Corrupción y la Impunidad reveló que uno de los hijos del titular del Ejecutivo, José Ramón López Beltrán, había vivido en Houston en condiciones francamente envidiables. Entre 2019 y 2020, antes de mudarse a la más humilde que se construyó, de unos 650 mil dólares, este mocetón habitó con su esposa, Carolyn Adams, una casa al norte de Houston que anda sobre el millón de dólares. Los vale. La alberca de 23 metros está realmente bien, bastante extensa, como para echarse unas brazadas todos los días, y se ve que bajo ese sobrio, distinguido techo oscuro que se recorta contra el cielo tejano hay unas cuantas habitaciones, como para que la estirpe obradorista se llene de herederos retozones. Dos, los que tienen al día de hoy, no son suficientes. También hay cuatro baños, bar, sala de juegos, sala de cine y tres lugares de estacionamiento.

El problema con la casa es que era de un alto ejecutivo de Baker Hughes, y los conservadores se agarraron de eso. ¿Qué es Baker Hughes? Una compañía petrolera que tiene contratos

LOS CONSERVADORES ESTÁN DESESPERADOS Y ORGANIZAN CAMPAÑAS DEMASIADO SOFISTICADAS.

vigentes con el gobierno de López Obrador por más de 151 millones de dólares en obras para Pemex. Ahí, el casero del feliz matrimonio se había desempeñado como director comercial y de ventas globales hasta noviembre de 2018, cuando la empresa obtuvo dos contratos en Pemex, uno por 66 millones de dólares que sigue en pie en esta administración. Luego, lo promovieron a una presidencia de la petrolera, cargo que ocupó hasta diciembre de 2019, y en esa etapa firmó otro contrato con Pemex por 85 millones de dólares. La mala suerte quiso que justo le rentara una casa al hijo del presidente de México.

Sí, estaba raro. Más raro, además, porque la casa iba acompañada de una camioneta Mercedes de poco menos de 70 mil dolaritos, y sobre todo porque el Joserra parecía llevar un tiempo sin trabajar. Es decir, en efecto, por ahí de 2018 había ayudado a papá con las campañas y otras cositas, pero luego había decidido hacer pausa para encontrar su camino. «No voy a trabajar en gobierno y también no vayan a decir ahí otras cosas que nada más no. En los seis años en los que va a estar él no voy a trabajar en el gobierno. Yo voy a dedicarme a hacer otra cosa, todavía no sé a qué. Ya el tiempo lo dirá». Por eso, porque la introspección autodefinitoria no está debidamente valorada en este mundo de capitalismo frenético, nada de lo que respondían a las críticas desde el oficialismo terminaba con el bombardeo. *La Jornada* sacó unos papeles para demostrar que la casa había sido rentada formalmente, hay que decir que muchas semanas después, y la oposición, quisquillosa, dijo que ese papel lo bajas de internet y lo llenas a mano. Tampoco sirvió de nada que el padre, o sea el presidente de la República, contestara que el dinero no venía del hijo, con una referencia no muy amable a su nuera: «Parece que la señora tiene dinero», así dijo sobre Carolyn, que sí, debe tener dinero, porque ha trabajado por años en empresas relacionadas con el petróleo. De hecho, tampoco ayuda que Carolyn se haya asociado con Eduardo Joel Arratia, un empresario mexicano relacionado con proveedores de la refinería de Dos Bocas, que es uno de los proyectos centrales del presidente, y que alguna vez tuvo también relaciones con Baker Hughes. Así, el argumento del presidente, lejos de apagar el fuego, terminó por convertirse en un colosal «no me defiendas, compadre». Finalmente, bastante después, empezó a circular información de que Joserra sí que trabajaba, como abogado, en una empresa llamada Kei Partners. Pero tampoco ese argumento ayudó gran cosa, porque la empresa está relacionada con el Grupo Vidanta, un consorcio hotelero al que el presidente invitó a participar en otro de sus proyectos monumentales, el Tren Maya. Así que las sospechas de conflicto de interés volvieron a asomarse por el hermoso paisaje tejano, por tercera ocasión, como si el presidente López Obrador no hubiera dicho ya varias veces que la corrupción se acabó. Por supuesto, tampoco ayudó que el presidente se le fuera una y otra vez a la yugular al periodista que destapó el escándalo, Carlos Loret de Mola, del que incluso, en varias ocasiones, expuso sus ingresos mensuales, hay que decir que contra la ley, o el precio de sus propiedades.

Lo que pasa es que los conservadores están desesperados y organizan campañas demasiado sofisticadas. Francamente, es inaceptable. Desde esta trinchera queremos hacer un llamado a los medios de comunicación y las redes sociales para que detengan la campaña. José Ramón es un muchacho bueno y sano, heredero de la estirpe obradorista, que como sabemos roza la santidad, y su único pecado ha sido el de cualquier muchachito de 40 años, casado y padre de familia: hacer una pausa de tres años para ver qué quiere de la vida.

«José Ramón, aguanta, el pueblo se levanta».

JP

APORTACIONES

SI LLEGA A LAS ARCAS DE MORENA ES «APORTACIÓN»; SI LLEGA A LAS DE LA OPOSICIÓN, «COHECHO».

Si llega a las arcas de Morena es «aportación»; si llega a las de la oposición, «cohecho», «cochupo», «chayote». En el *Diccionario político de la 4T*, el dinero recibido en efectivo —ya sea por la familia del presidente López Obrador o por sus amigos, o por sus colaboradores, o por sus incondicionales, o por sus operadores políticos, o por sus bendiciones— será siempre «una aportación».

Así lo dijo el presidente en una de sus mañaneras en agosto de 2020, cuando salieron a la luz varios videos en los que se veía a su hermano Pío recibiendo dinero en dos presentaciones: en un sobre rechoncho, como de película de la mafia, y en una bolsa de estraza, aunque esta vez las ligas brillaron por su ausencia.

Todo dinero que entra a Morena es purificado por la voluntad de López Obrador. Su palabra es suficiente para bendecirlo porque es para la «causa»; no importa si se viola alguna ley, no importa el origen, no importa saber cómo se utiliza o a dónde va a parar. El presidente lo dijo clarito:

«Son aportaciones para fortalecer el movimiento en momentos en que la gente era la que apoyaba. Esos recursos, como se habla en el video, se utilizaban para la gasolina, era el apoyo de quienes trabajaban en la organización del movimiento…, así ayudaron muchos mexicanos, a mí me apoyaba la gente».

Pero «las aportaciones» no solo llevan la bendición del presidente, también la de la historia: si en las otras tres transformaciones hubo «aportaciones», ¿por qué no en la 4T?

«Nosotros hemos venido luchando durante muchos años y nos ha financiado el pueblo», dijo López Obrador, «como ha sucedido cuando se han llevado a cabo revoluciones. La Revolución mexicana se financió con la cooperación del pueblo».

Aunque ninguna revolución en México ha sido financiada por el pueblo, y en la de 1910 las aportaciones salieron del bolsillo de algunos miembros de la familia Madero y de un préstamo que consiguieron con una compañía petrolera, quien se compró esa versión completita fue Beatriz Gutiérrez Müller, presidenta del Consejo Asesor de la Coordinación Nacional de la Memoria Histórica y Cultural de México, desde donde hoy se escribe la nueva historia oficial.

Doña Beatriz salió en defensa de su marido, de su cuñado y de las «aportaciones» del pueblo con el peor argumento histórico que se le pudo ocurrir durante la inauguración del Paseo de las Heroínas en Ciudad de México: «Leona Vicario también dio dinero y no la grabaron», dijo con vehemencia revolucionaria. Y como si el espíritu de la insurgente la hubiera poseído, continuó: «Me gustaría ver el video de cuando Leona Vicario daba dinero para que todos pudieran comer en los campamentos y lucháramos por la Independencia».

«No me defiendas, compadre», gritó por ahí alguien que imaginó de inmediato lo que estarían pensando en Palacio Nacional en esos momentos. Pero, ya encarrerada, doña Beti se fue por la libre:

«Muchas mujeres que nos han precedido en el linaje femenino nos han dado mucho, incluyendo dinero, aportaciones económicas; antes no se les podía filmar, ahora se les puede filmar, pero hay millones de personas que a lo largo de estos 200 años y en la última de las transformaciones democráticas de México hemos apoyado felizmente a la causa».

Terminó su discurso ante el azoro de los presentes y ya nadie peló el evento de las heroínas. Por desgracia, no hubo entre los presentes alguien que le hablara con franqueza:

—Usté perdone, doña Beatriz, pero ¿qué cree? En las otras tres transformaciones, es cierto, hubo aportaciones como las que hacía Leona Vicario y eran clandestinas, pero por una razón muy simple: la insurgencia estaba proscrita y era perseguida por el gobierno establecido. Ahora tenemos instituciones y leyes para evitar «aportaciones» en efectivo y en lo oscurito. Hoy en día esas aportaciones son sinónimo de corrupción.

Cuentan que ese día Leona Vicario se revolcó en su tumba.

AR

CANTA, CANTA

SI TENEMOS UN PRESIDENTE QUE JUEGA BEISBOL Y HABLA DE COCINA, ¿POR QUÉ NO HABRÍAMOS DE TENER UNA NO-PRIMERA DAMA QUE CANTA? CON USTEDES, EL RUISEÑOR DE PALACIO NACIONAL.

Nada más con darle *play* al video, un torrente de lírica, energía positiva y, sobre todo, optimismo invade la habitación. Normal. La 4T llegó a borrar el pasado inmediato para traernos un mundo feliz, feliz, feliz, y hay que celebrarlo. Así que doña Beatriz Gutiérrez Müller, historiadora, poeta, investigadora de altos vuelos en Conacyt, no-primera dama, responsable de negociar en tierras extranjeras que nos restituyan el penacho de Moctezuma y otras glorias arqueológicas, se pone a festejar, y al hacerlo nos revela que también le hace a la cantada. Con cortes a momentos estelares del presidente en sus mítines, estrechando, sonrisa plena, las manos de un pueblo anhelante de un liderazgo firme y amoroso, doña Beatriz cierra los ojos, indiferente a la cámara, natural, se acerca al micro y, rodeada de un coro de mujeres jóvenes en plan fiesta de «acabé la prepa», se interpreta a sí misma, a la letrista que también es: «Aunque caminamos entre lodo y lobos», entona con satisfacción de peregrina que llegó a la meta, «hoy armamos una patria para todos» («lo-lo, os-os»), sentencia plena de esperanza, para rematar con un «juntos terminemos esta historia de horror». «Canta, canta», se llama la canción, que fue solo un principio.

Porque el sexenio ha avanzado muy líricamente. Asómense a YouTube: abunda el material. Poco después, doña Beatriz se lanzó con otro video, «Hoy despierto», que apunta una evolución no solo en su poética, sino también en las capacidades de realización audiovisual de la 4T. En este caso, gracias a un audio más profesional, ya es posible entender lo que canta la Primera Intérprete de la Nación sin necesidad de buscar la letra por escrito en internet. De modo que, luego de imágenes terribles, sacudidoras de espíritus, sobre el horror represivo del México reciente, el México neoliberal, escuchamos con claridad esa voz melancólica, introspectiva, que, entre ritmos apaciguados herederos del Caribe, nos dice: «He estado pensando desde hace años / que hace falta tomarse el tiempo de una tregua», para rematar, desafiante, juguetona: «Hemos llorado tanto desde hace años / que nos viene bien sacar un poco más la lengua» («gua-gua»). Y ¡vámonos!: más mítines con manos anhelantes y sonrisas presidenciales en guayabera. Por supuesto, no podemos perdernos su desafío de letrista a la pandemia otra perla. En este caso, los voladores de Papantla dan pie a que doña Beatriz diga, ya no como el ruiseñor de Palacio Nacional que nos regala su voz, sino a través de Eugenia León, figura señera de la izquierda y del canto nuevo: «El miedo de hoy mañana será templaaanza...», afirmación poética, suponemos, de la fe en los detentes y el liderazgo moral del presidente como antídotos para el covid. Luego ese remate: «Estamos en pausa, pero el amor avanza», que da muchísima tranquilidad.

En el sexenio de José López-Portillo, su señora esposa, Carmen Romano, se llevaba a todas las giras el piano de cola, incapaz de sobrevivir sin los acordes de los clásicos, e incluso pedía que tumbaran una pared de hotel porque el piano no entraba por la puerta. Esto ya cambió. Estamos en el sexenio de «No somos iguales». Aquí se producen videos.

JP

DETENTES Y DECÁLOGOS

¡LOS CONSERVADORES DIRÁN QUE NO FUNCIONA!

EN OTROS PAÍSES ENFRENTARON LA PANDEMIA CON MEDICAMENTOS, PRUEBAS Y ENCIERROS OBLIGATORIOS. EN MÉXICO, NUESTRO PRESIDENTE OPTÓ POR LAS ESTAMPAS RELIGIOSAS Y LAS TABLAS DE MOISÉS.

MEDICINA 4T

ESCAPULARIO DE 800 MG PARA ENFERMEDADES GRAVES

SANTITO DE 250 MG PARA MALESTARES LEVES

VÍA DE ADMINISTRACIÓN: ORAR

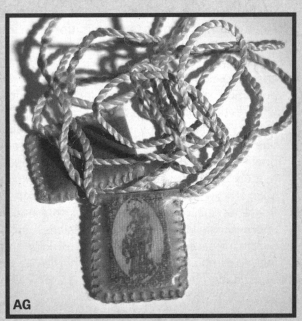

AG

Al arranque de 2020, cuando el coronavirus iniciaba su marcha asesina por el mundo, nadie sabía realmente cómo enfrentarlo. Gobiernos, farmacéuticas, médicos, organismos de salud, todos, seamos sinceros, daban palos de ciego contra un virus esquivo y temperamental. Así, mientras unos experimentaban con antivirales, antibióticos y anticoagulantes, otros mandaban a las poblaciones a confinamientos severísimos y otros, en cambio, optaban por confinamientos parciales, cubrebocas y pruebas masivas. ¿En México? En México usamos estampitas religiosas.

No, aquí no hubo confinamiento. Tampoco hubo pruebas a escala masiva, que salen carísimas. Ni siquiera se promovió el uso del cubrebocas, que al presidente de la República le resulta muy molesto. A cambio, el titular del Ejecutivo, justamente, dio prueba de su aproximación siempre heterodoxa a los problemas cuando en una de las conferencias de prensa diarias, una mañanera, sacó de su bolsillo una estampita religiosa a la que llamó «detente», explicó que esas estampitas se las regalaba la gente en su continuo recorrer el territorio patrio y recitó: «Detente, enemigo, que el corazón de Jesús está conmigo».

La oposición conservadora, por supuesto, se le fue a la yugular, subrayando la irresponsabilidad de la respuesta, en contraste con la gravedad de la situación. Pero el presidente no es un irresponsable. No todo fue estampitas religiosas. En la misma ocasión, añadió que si algo lo mantenía libre de la amenaza del covid, si algo lo protegía, era la honestidad. Con ello, daba un adelanto de la que sería la segunda gran arma del gobierno federal contra la pandemia: un decálogo. Sí. El presidente constitucional de los Estados Unidos Mexicanos, licenciado Andrés Manuel López Obrador, encaró al virus más peligroso de los últimos 100 años con las tablas de Moisés, versión 4T. Unas tablas de Moisés de izquierdas, vaya.

¿Qué nos dice el decálogo? Bueno, este libro no alcanzaría para reflejar tantas ideas. Tomar el sol y respirar aire puro: dos consejos muy valiosos, propios de quien recorre cada municipio y cada pequeña villa, en busca de la comunión con el pueblo. Muy importante, asimismo, es comer bien y hacer ejercicio; sobre todo, es fundamental evitar los alimentos chatarra, que enriquecen a las empresas, que como sabemos son hijas del diablo. Pero el decálogo atiende sobre todo a lo no físico: rebasa la corporeidad. Que hay que ser optimistas, nos dice el presidente; parece ser que el buen ánimo es muy importante para «enfrentar las adversidades». Que hay que ser solidarios, no egoístas, y que hay que evitar las tentaciones de lo material, sortear el consumismo, no caer en «extravagancias», añade. Aparentemente, ahí donde entran los Lamborghinis y los vuelos privados, entra también el SARS-CoV-2; hay que blindarse con Tsurus y camisas artesanales, pues. También, muy destacadamente, es recomendable abrazar lo «espiritual», y buscar «el camino de la utopía», un «ideal». Desde luego, hay que evitar las actitudes clasistas y racistas, y, destacadamente, cuidar a «los ancianos» en casa: «la familia mexicana es la principal institución de seguridad social en el país», así nos hizo saber el líder. Aunque el decálogo tiene su momento culminante en esta frase: «Solo siendo buenos podemos ser felices».

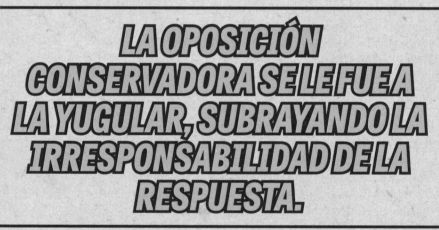

LA OPOSICIÓN CONSERVADORA SE LE FUE A LA YUGULAR, SUBRAYANDO LA IRRESPONSABILIDAD DE LA RESPUESTA.

¿Qué resultados arrojó la estrategia presidencial? Preferimos dejar que lo juzguen las lectoras, los lectores. El decálogo apareció en junio de 2020, cuando habíamos alcanzado los 200 mil casos y las 25 mil muertes, según números oficiales. En junio de 2022, México sumaba 750 mil muertes derivadas de la pandemia y el presidente se había contagiado dos veces. Sin embargo, esos muertos, si siguieron las instrucciones presidenciales, habrán muerto en olor de santidad. Sobre todo, habrán muerto con una sonrisa plena en los labios. Felices, pues, y sin costarle dinero al gobierno federal. Felices y austeros.

JP

CUADRO DE HONOR DE LA 4T

NOMBRE: HERNÁN GÓMEZ, ALIAS FACUNDO MALO
CARGO: OPINÓLOGO Y NUEVO MEJOR AMIGO DE LAYDA SANSORES

ANTECEDENTES: Expulsado del Instituto Mora, expulsado de *El Universal*, expulsado de Televisa, expulsado de *El Heraldo de México* y expulsado de Canal Once, sigue buscando su lugar en la Cuarta Transformación. Se distingue por la firmeza de su lucha contra las mujeres de oposición, a las que suele interrogar sobre sus costumbres sexuales para ponerle un alto a su antiobradorismo. En contraste, es un ferviente admirador de la gobernadora Layda Sansores, de Campeche, a la que considera digna de la carrera por la presidencia del país. En términos de nómina, es binario: intenta cobrar de la Cuarta Transformación igual que cobró dos millones de pesos de la administración de Peña Nieto. Asegura que un gran logro de la administración actual es haber cambiado de corruptos: al menos los que roban no son los mismos.

FRASE CÉLEBRE:
«ES IMPOSIBLE NO QUERER A LAYDA SANSORES».

LES FALTA LITIO

¡¿ACASO EL GRAN TLATOANI Y SU PARTIDO MIENTEN Y MANIPULAN AL PUEBLO?!

Y DE PRONTO EL LITIO SE CONVIRTIÓ EN EL «NUEVO PETRÓLEO» DEL SIGLO XXI, EN LA JOYA DE LA CORONA, EN EL SANTO GRIAL DEL DESARROLLO MEXICANO PARA EL FUTURO, EN EL BALUARTE DEL NUEVO NACIONALISMO REVOLUCIONARIO.

LOS MORENISTAS, SIEMPRE TAN COMPROMETIDOS CON SU JEFE, INCLUSO YA TENÍAN NOMBRE PARA LA EMPRESA: *AMLITIO*. TODO FUE UNA VORÁGINE DE EMOCIONES.

Y de pronto el litio se convirtió en el «nuevo petróleo» del siglo xxi, en la joya de la corona, en el santo grial del desarrollo mexicano para el futuro, en el baluarte del nuevo nacionalismo revolucionario con el que el gobierno de la 4T nos llevaría a una era de crecimiento, progreso y prosperidad nunca antes vista en México y, si le rascamos tantito, en toda la historia de la humanidad.

Así vendieron el tema del litio, pero como la 4T gobierna a ocurrencias, o en el mejor de los casos improvisa sobre la marcha, la idea de una nueva era raciante y próspera parecía algo triunfalista y aventurada.

Los morenistas, siempre tan comprometidos con su jefe, incluso ya tenían nombre para la empresa: AMLITIO. Todo fue una vorágine de emociones. El presidente envió a la Cámara de Diputados su iniciativa de ley la noche del domingo 17 de abril de 2022. Sus achichincles —prehispánica forma de llamarles a sus diputados— la aprobaron al día siguiente sin leerla y tampoco le permitieron a la oposición tomarse un tiempo para discutirla. Lo único que los mexicanos sabíamos era lo dicho por el presidente días antes: el litio sería de los mexicanos hasta la consumación de los tiempos.

ARDIDOS POR SU DERROTA FRENTE A LA OPOSICIÓN, LOS DIRIGENTES Y MIEMBROS DE MORENA COMENZARON UNA CAMPAÑA NACIONALISTA SOBRE LO QUE SIGNIFICABA LA INICIATIVA PRESIDENCIAL: «EL LITIO ES NUESTRO».

La iniciativa bien pudo llamarse «ley resurrección», porque fue enviada casi al momento en que la reforma eléctrica, tan deseada por el presidente y por su amiguis Manuel Bartlett, fue crucificada por la oposición en la Cámara de Diputados, por lo que era necesario resucitar el nacionalismo revolucionario, que resurgiera de entre las cenizas como el ave fénix, cuyo plumaje tampoco se mancha luego de cruzar un pantano.

Con la nueva ley minera, el litio estaría a salvo de las sucias garras de las rapaces y complotistas empresas extranjeras, y a salvo también de las corruptísimas manos de los empresarios mexicanos neoliberales, conservadores y fifís. Al menos así fue como el gobierno impulsó el tema, al más puro estilo de «la patria es primero».

Todavía ardidos por su derrota frente a la oposición, los dirigentes y miembros de Morena comenzaron una campaña nacionalista sobre lo que significaba la iniciativa presidencial: «El litio es nuestro»; «Gracias a la aprobación de la reforma a la ley minera, los recursos provenientes de su explotación y administración serán para el pueblo mexicano»; «Estos recursos quedarán bajo el dominio de la nación», señalaba su propaganda. Prácticamente, nuestro amado líder se transfiguró en Lázaro Cárdenas y generosamente le entregó el litio al pueblo mexicano.

Lo curioso es que, en su mañanera del 19 de abril de 2022, el nuevo Cárdenas expresó con toda honestidad valiente: «Tal vez no tengamos la tecnología para explotar el litio, pero ya es nuestro».

A pesar de este exultante nacionalismo y la fascinación de los seguidores de nuestro amado líder por su patriotismo, el litio era de los mexicanos desde 1917 y se lo debemos a don Venus y a los constituyentes que nos lo entregaron hace 105 años, y no al nuevo Cárdenas.

¿Cómo? ¿Qué acaso el gran tlatoani y su partido mienten y manipulan al pueblo? Son muy ignorantes, eso debe ser, porque resulta imposible imaginar siquiera que nuestro presidente y su partido pudieran mentir. Y son ignorantes porque, si Morena conociera la Constitución y sus miembros se hubieran tomado unos minutos para leer el artículo 27, sabrían que desde 1917 la nación mexicana es la propietaria originaria de todos los recursos que hay en el suelo y en el subsuelo dentro de los límites de su territorio, y el gobierno es el único que puede autorizar su explotación en sus propios términos. Así fuera litio, petróleo o kryptonita, si se encuentra dentro del territorio mexicano, es de los mexicanos.

Pero nuestro amado líder, que es todo un pilluelo, sí lo sabía, nomás que se hace, pues en 2020 un periodista le preguntó acerca de la nacionalización de las minas de litio y el presidente respondió: «No es necesaria la nacionalización, porque, de acuerdo a la Constitución, en el artículo 27 se establece el dominio de la nación sobre los recursos naturales que están en el suelo y en el subsuelo».

En 2020 el presidente dijo que no, y en 2022, que siempre sí. Estaba en un extremo y se fue al otro. Ahora está claro por qué su gobierno tiene tanto interés en el litio. La psiquiatría señala que «el litio es un estabilizador del estado de ánimo que se utiliza para tratar o controlar los episodios maniacos del trastorno bipolar. Los síntomas incluyen hiperactividad, falta de juicio, agresividad e ira». Ahí está la clave: a nuestro presidente y al gobierno de la 4T les hace falta litio.

AR

«PRESIDENTE KABALA, MUCHO GUSTO»

¿RECUERDAN LA PRIMERA VISITA DE KAMALA HARRIS? AQUÍ, LA INTRAHISTORIA DE ESE MOMENTO CULMINANTE.

¿Y POR QUÉ AHORA USAS CUBREBOCAS?

PARA QUE NO VEAS LAS MANCHAS DE LÁPIZ LABIAL QUE ME DEJÓ GERALDINE.

AG

Según versiones no confirmadas de Palacio Nacional, el presidente constitucional de los Estados Unidos Mexicanos, licenciado Andrés Manuel López Obrador, ensayó la ceremonia de bienvenida una y otra vez, frente al espejo, rodeado por algunas de las personas de más confianza de su administración y de su vida afectiva. Primero, para demostrar que los mexicanos somos espléndidos anfitriones y queremos hacer sentir en su casa a todo mundo, lo intentó en inglés, el idioma de nuestra invitada:

—Vaiprésiden Cumbancha, güélcom tu Méhico.

—«Vaisprésident», mi amor. Con «t». Y es «Kamala». Como «tamal», pero con «k» y «a» al final.

—Vaiprésident Tamala, güélcom tu Mehico.

—¿Y si lo intentamos en español, señor presidente, y mejor decimos «Mucho gusto»?

—Vicepresidenta Caborca, mucho gusto.

—«Kamala», Andrés: «Kamala».

Es normal que ensayara. Su pecho no es bodega, y porque no lo es, nos lo advirtió hace mucho: «La mejor política exterior es una buena política interior», dijo como un adelanto de lo que vendría, es decir, de una serie de momentos digamos dudosos en sus comparecencias internacionales. No, nuestro presidente no es un cosmopolita fifí, un conservador que sale al extranjero a aprender malas costumbres. Cuando se aleja del suelo mexicano, cuando siente que el pueblo, al que ya pertenece, porque él no se pertenece a sí mismo, se va quedando a distancia; en cuanto se desconecta de la sustancia nutricia que es la patria, su primer y casi único sustento, pierde condiciones: se debilita; ve mermada su capacidad de respuesta; se siente ajeno, fuera de sí, un desconocido ante el espejo. Es por eso que menciona a Mussolini ante la ONU dice que la pandemia se va a superar con una dosis de fraternidad universal ante el G-20 o repite quién sabe cuántas veces lo de Porfirio Díaz y pobre México, tan lejos de Dios...

Además, sabemos, el presidente alucina a los demócratas, y no nos referimos a los demócratas de verdad, como Putin, Nicolás Maduro o los Castro, compañeros de ruta, sino a los del Partido Demócrata, con sus trajecitos a la medida y sus doctorados. ¡Ah, cómo extraña la virilidad de Trump, con todo y momentos difíciles, como ese en el que habló de cómo se había doblado el gobierno mexicano! No, no está cómodo con los democratitas. Pero a los gringos los necesitamos y la relación quedó un poco tensa cuando apoyamos el intento de cuartelazo del trumpismo, luego de la elección, cuando México se negó a felicitar a Joe Biden; así que, en cuanto le notificaron que venía en visita oficial la vicepresidenta de aquel país, Kamala Harris, se preparó:

«Vicepresidenta Calúa...», «Vicepresidenta Caguama...», «Presidenta Carlota...», insistió, hasta que logró decirlo bien y de corrido, cansado pero orgulloso, en la serena inmensidad de Palacio Nacional.

Pero incluso los grandes fallan, al mejor cazador se le va la liebre, etcétera. Así, a la hora de la verdad, con la tensión del momento, quedó inmortalizado el episodio en que, ante las cámaras, la mano en el pecho, sonrisa sin cubrebocas, saludó:

—Presidente Kabala, mucho gusto.

Menos mal que la siguiente elección la va a ganar Trump, nuestro amigo.

JP

49

LA CARRERA TRIUNFAL DE CUITLÁHUAC GARCÍA

GOBERNADOR DE GOBERNADORES, CUITLÁHUAC GARCÍA DEJARÁ SU MEJOR HERENCIA EN LOS BAÑOS DE LAS GASOLINERAS DE VERACRUZ. A CONTINUACIÓN, UN HOMENAJE AL PRÓCER.

Envuelto en toda la dignidad que puede darle al cargo, feliz dentro de ese hieratismo que vemos tan a menudo en los espíritus sencillos, el gobernador de Veracruz, Cuitláhuac García Jiménez, volvió mentalmente al que con toda certeza es el logro más destacable de su administración y se decidió a publicitarlo sin escatimar en palabras: «Paso a veces a los baños y veo el cambio. Ya hasta uno se anima a darle la cooperación, porque ya no la exigen, ya está ahí, es voluntaria», arrancó frente a la cámara, en un video previsiblemente destinado a la posteridad. Según nos explicó, él, como su gran referente histórico y gran valedor político, el presidente Andrés Manuel López Obrador, recorre el territorio incansablemente, en un continuo ver por las necesidades de la población que lo honró con su voto. Con esas rutinas, entre el cafecito de Coatepec que te ofrece el campesino agradecido, el torito de cacahuate de Tlacotalpan, con su aguardiente, a manos de un sonero, y los camarones al mojo en Alvarado, es inevitable detenerse de vez en cuando en un baño de gasolinera. Bueno, pues esa dinámica ya no implica la tortura de buscar cinco pesos en el cenicero del coche, recibir un cuadrito de papel a la entrada, pasar a un baño infecto y lavarte las manos con un jabón rosa reblandecido o con la jicarita de gel para manos en que sumerges horrendamente los dedos. No en Veracruz, donde la

Cuarta avanza. Ahí, los baños, dignos, son gratis. Remata el góber, pletórico: «En ninguna [gasolinera] me han dicho "Oiga, tiene usted que pagar". Incluso me topé con una en la que me dijeron "No, no pague, es gratis". En serio, yo hasta iba a grabar. Parece increíble, pero es cierto». Es una pena que no se haya decidido a hacerlo.

Como sea, es de celebrarse un logro de esa magnitud, porque el presidente ha bendecido a Cuitláhuac con su confianza, por no decir que con su admiración, y la verdad es que, por lo demás, el Cuit no ha ofrecido resultados muy buenos que digamos. No los ofrece en términos de la justicia y los derechos humanos. En 2021, a despecho de la Suprema Corte, el gobernador consentido del presidente logró que el delito de «ultrajes a la autoridad», proscrito en 2016, siguiera vivito y coleando en Veracruz, con el resultado de una notable cantidad de detenciones a su nombre, siempre de figuras críticas de su gestión. En una palabra: me criticas, te encarcelo. En febrero de 2022 fue arrestado José Manuel del Río Virgen, muy cercano a Dante Delgado, dirigente de Movimiento Ciudadano, y a Ricardo Monreal, jefe de Morena en el Senado, que había criticado justamente lo del delito de ultrajes. Del Río fue detenido por asesinato con la única prueba de una denuncia al 911. Pero no es el único caso: hay unas mil personas detenidas sin pruebas, todas, de nuevo, críticas de su desempeño.

Tampoco ha entregado muy buenos números en lo económico: el góber pidió, a finales de 2019, 19 500 millones de pesos en cuatro créditos y, ya en enero, otros nueve créditos por 17 522 millones. Durante la pandemia, Veracruz fue el estado que más sufrió la pérdida de empleos. Luego hay algunos temas con la inseguridad: una encuesta del Inegi dice que 82% de los veracruzanos se sentía inseguro en 2020, y en 2021 el estado fue el tercero con más delitos.

Aunque tal vez estemos siendo injustos. A inicios de 2022, cuando arreciaba el escándalo por la lujosa casa de Houston de José Ramón López Beltrán, hijo del presidente, el gobernador, en un mitin, dijo con indignación revolucionaria: «Ahí anda el hijo, el bodoque de Andrés Manu... de... esteee...». Fue un error: «¡No! ¡No, no-no!», dijo de inmediato al respetable, que estallaba en carcajadas. «Saben lo que quise decir: perdón, el hijo de Yunes», aclaró, en referencia al exgobernador de su estado. Era demasiado tarde. Cuitláhuac García, Lord Baños, le había regalado un momento eterno a la vida mexicana: había nacido el Bodoque del Bienestar.

Esa vez no recibió el apoyo del presidente.

JP

ES UN GUERRERO FORJADO EN LAS MÁS CRUELES GUERRAS.

¡A PUNTO DE VOLAR HECHO PEDAZOS!

«UNA MENTIRA REPETIDA MIL VECES NO SE VUELVE UNA VERDAD, PERO A LOS DEMÁS YA LES DA HUEVA REBATIRLA», EL RAMBO DE LA 4T.

AG

LA CUARTA TRANSFORMACIÓN VE POR SUS HIJOS. ESO INCLUYE A UN GENIO DE LA PROPAGANDA QUE ES, ADEMÁS, UNA MÁQUINA DE COMBATE: EPIGMENIO IBARRA, AL QUE YA LE HIZO JUSTICIA LA REVOLUCIÓN.

EPIGMENIO COMIENZA LAS GRABACIONES DE SU NUEVA TELENOVELA *ABRAZOS, NO BALAZOS,* PROTAGONIZADA POR LA JUVENIL PAREJA DE ACTORES OMAR GARCÍA Y CLAUDIA PARDO.

AG

No se engañen. Esa cabellera escasa en la frente y la coronilla, pero larga en la parte de atrás, recortada en plan «voy a la misma peluquería que mi abuelito», como si un galán del cine de ficheras hubiera llegado a la tercera edad sin darse cuenta; ese cuerpo chaparrito, delgado y nada atlético; esos sacos y esos suéteres tan atildados, tan «iba para seminarista pero me di cuenta de que mi llamado era otro», esconden a uno de los hombres más peligrosos de México. Sí: Epigmenio Ibarra es un guerrero forjado en las más crueles guerras del continente; un cuerpo curtido, amasado en el frente, siempre listo para entrar en combate, y un espíritu háganse de cuenta como samurái, pero de izquierdas. Para adelantarnos a la pregunta: no, no nos consta que Epigmenio sea todo eso. La verdad, no. Lo que pasa es que en julio de 2020, en plena pandemia, cuando las redes ardían de beligerancia, incluso más de lo habitual, lo que ya es un decir, Epigmenio publicó un tuit que cambiaría su vida para siempre:

Me han peinado francotiradores
Me han disparado ráfagas directas
He estado a punto de que me fusilen
He caído en emboscadas
He estado a punto de volar hecho pedazos
Me he volcado 3 veces; me salí x el parabrisas a 160kms x hora
De verdad creen que con insultos me intimidan?

Dijo así, tal cual, sin puntos ni signo de interrogación de apertura. Y así, con 67 años, había nacido el Rambo de la 4T.

Antes de ser Rambo, Epigmenio fue corresponsal de guerra y un productor de televisión exitoso. Ese productor que cambió el negocio de las telenovelas en los años noventa con *Nada personal* o *Mirada de mujer*; el que se entregó con fe a las historias más bien apologéticas de narcos, con los casos de *Camelia la Texana* o *El Señor de los Cielos*, y el que fue pionero en producir series-series, no ya telenovelas, como *Capadocia* o *Ingobernable*. Pero lo que ha hecho famoso a Epigmenio es lo mucho que le ha dado a la causa de la 4T. No para de impulsar al presidente y su equipo, nuestro Rambo, sin hacer ascos ni pararse a calcular el precio de su reputación. Sí: Epigmenio se ha liberado de las cadenas del pudor. No hay nada que no esté dispuesto a decir. Es un modelo de militancia obradorista.

Así, nuestro Rambo se arremanga y le entra a Twitter con todo, el cuchillo entre los dientes, el pecho listo para detener las balas. ¿Descubren que en la vacunación contra covid en la Ciudad de México aplicaron no vacunas, es decir, que fingieron que vacunaban a la gente cuando las jeringas estaban vacías? Epigmenio dice que fue la CIA: «La derecha, acostumbrada a hacer "cosas repugnantes" como lo establece la directiva de operaciones encubiertas de la CIA, bien pudo haber organizado la falsa vacunación de una persona y hacer un montaje; uno más de esos en los que un "periodista" y una televisora tienen experiencia», así dijo. ¿Se multiplican los asesinatos de periodistas y se desata la violencia en un estadio

EPIGMENIO SE HA LIBERADO DE LAS CADENAS DEL PUDOR.

de futbol? Otro compló: «Sostengo que la extrema derecha y el crimen organizado comparten intereses estratégicos y tienen, al menos, un nivel de coordinación operativa. Las masacres, los asesinatos selectivos y en cadena de periodistas, los crímenes en Querétaro ayer son acciones de desestabilización». ¿Asesinan a dos jesuitas y un guía de turistas en una iglesia de la selva Lacandona, mientras el sexenio de Andrés Manuel López Obrador rompe el récord de asesinatos del de Felipe Calderón cuando todavía le faltan más de dos años? Culpa, justamente, a Calderón: que el sicario que los asesinó se formó en el sexenio del expresidente.

NUESTRO RAMBO SE ARREMANGA Y LE ENTRA A TWITTER CON TODO, EL CUCHILLO ENTRE LOS DIENTES, EL PECHO LISTO PARA DETENER LAS BALAS.

Claro que Epigmenio está lejos de limitarse a Twitter. Lo mismo empuña la cámara y se lanza a grabar al presidente por Palacio Nacional, que se deja caer a la inauguración del Aeropuerto Felipe Ángeles para grabar su recorrido. A propósito, los conservadores, desesperados porque perdieron sus privilegios, llenos de rencor, hicieron burla de la caída que sufrió ese día Epigmenio mientras caminaba hacia atrás, cámara en mano. Fue, sin duda, lo que en tiempos del presidente se llamaba un «ranazo»; en estricto sentido, un azotón en forma, de nalgas; un rompecoxis. Pero para un hombre acostumbrado, al parecer, a ráfagas de alto calibre disparadas por el imperialismo yanqui y combates cuerpo a cuerpo con los más peligrosos espías conservadores, eso fue una caricia. Apenas una oportunidad de entrenar esos reflejos felinos y solidificar un poco más esos músculos de acero forjado.

El presidente López Obrador repite con frecuencia que «amor con amor se paga». Nuestro Rambo sabe que es cierto. Porque si es mucho lo que Epigmenio ha hecho por la 4T, no es poco lo que la 4T ha hecho por Epigmenio. Por ejemplo, condonarle algo más de 8 millones de pesos en multas, entre 2019 y 2021, o darle un préstamo por 150 milloncitos con cargo a Bancomext, el Banco Mexicano de Comercio Exterior.

Y es que la 4T es única: con ella, hasta a Rambo le hizo justicia la revolución.

JP

ESTE GOBIERNO NO TIENE RISAS GRABADAS

UN CHISPAZO DE INGENIO, UNA OCURRENCIA GRACIOSA.

NUESTRO PRESIDENTE, SUS COLABORADORES Y FIELES SEGUIDORES PERDIERON EL SENTIDO DEL HUMOR POR COMPLETO A PARTIR DEL 1º DE JULIO DE 2018.

QUÉ TIEMPOS AQUELLOS EN LOS QUE LA MAYORÍA DE LOS SEGUIDORES DE NUESTRO AMADO LÍDER TENÍAN SENTIDO DEL HUMOR.

> El presidente hizo un gesto de desaprobación y le echó una mirada de «ya hablaremos en la casa». Bueno, en este caso, en el Palacio.

—¿En cuánto tiempo llega? —preguntó Beatriz Gutiérrez Müller en la torre de control del Aeropuerto Internacional Felipe Ángeles, el 21 de marzo de 2022, día de su inauguración.

—No más de cinco minutos —respondió con amabilidad un miembro del personal. No había transcurrido un segundo cuando la no-primera dama reviró:

—No, menos... ¿no? —y soltó la carcajada para agregar—: Ay, me salió del alma.

Fue un chispazo de ingenio, una ocurrencia graciosa y todos los presentes sonrieron con discreción porque el presidente hizo un gesto de desaprobación y le echó una mirada de «ya hablaremos en la casa». Bueno, en este caso, en el Palacio.

No dejaría de ser una anécdota más si no fuera porque nuestro presidente, sus colaboradores y fieles seguidores perdieron el sentido del humor por completo a partir del 1º de julio de 2018. Antes eran muy ocurrentes, se la pasaban risa y risa burlándose de Peña Nieto, de Fox y no se diga del nuevo innombrable y némesis de López Obrador: Felipe Calderón.

La 4T amaba este chiste:

—Oiga, profe —le pregunta un alumno a Felipe Calderón—, ¿cuál ha sido el mejor presidente?

—Fue una edición conmemorativa que sacó Domecq en 1979 —responde Calderón.

Y entonces, todos, pero particularmente los seguidores de López Obrador, se doblaban de la risa, le hacían decenas de variaciones al meme original y se burlaban hasta el cansancio.

Con Peña Nieto también gozaron. El expresidente contribuyó al buen humor no solo por el ingenio y la mala leche de los seguidores de López Obrador, que no le daban tregua, sino porque, la verdad sea dicha, Peña Nieto contribuyó a las risas de la 4T cada que se disparaba solito. Pero, quién lo iba a decir, al final Quique rio mejor que todos los mexicanos y hoy se pasea feliz por Europa con la bendición de nuestro presidente.

TIENE LA RISA DEL DIABLO. ¡ADORA LOS SACRIFICIOS HUMANOS!

Qué tiempos aquellos en los que la mayoría de los seguidores de nuestro amado líder tenían sentido del humor; humor negro, del bueno; eran irónicos, dicharacheros, irreverentes; se burlaban, se regodeaban, no dejaban títere con cabeza y hacían sorna de quienes a su juicio eran parte de la mafia del poder: políticos, empresarios, intelectuales, periodistas, entre otros.

Pero algo pasó, porque desde el 1º de julio de 2018 los morenistas se amargaron. Arrasaron en las elecciones y tal parece que hubieran perdido; a partir de entonces no soportan un chiste, una broma o alguna ocurrencia sobre nuestro amado líder. De hecho, no soportan que le llame «amado líder», cuando lo hago con todo respeto, sin ápice de burla ni ironía alguna.

Al presidente y a la 4T se les agrió el carácter. Y con cualquier meme, cartón o caricatura ven una conspiración o un complot de la *ultraderechaneoliberalconservadorafifíplus*. Hasta han llegado a sugerir que está en marcha un golpe de Estado «blando», lo que sea que eso signifique.

El presidente solo se ríe de sus chistes y cuando critica a sus opositores, a sus adversarios, a los periodistas que no le aplauden, a las organizaciones de la sociedad civil que le caen en la punta del hígado. Entonces podemos escuchar su risa macabra en los momentos más anticlimáticos: luego de hablar de alguna masacre, de las desapariciones, del hallazgo de fosas clandestinas o de los feminicidios.

López Obrador perdió la risa y hasta la memoria. Ya no recuerda que a Juárez no le dieron cuartel los caricaturistas del periódico *La Orquesta*; bajita la mano, lo bajaron tratando de clavarse a la silla presidencial. A Madero le llamaron «chaparro», «pingüica» y hasta se burlaron de su esposa con un periódico llamado *El Sarape de Madero* —que jugaba con su nombre: Sara Pérez—. Don Venus se jaló las barbas cuando leyó el verso que le compusieron luego de que se carranceó el dinero en metálico y lo sustituyó por billetes: «El águila carrancista / es un animal muy cruel, / se traga toda la plata / y caga puro papel».

A Miguel Alemán le llamaban el «ratón Miguelito» —por rata—. Las burlas por la edad de Ruiz Cortines no tuvieron límite; un chiste de la época decía: «¿Cuáles son las tres cosas más inútiles de México? La vida inútil de Pito Pérez, la puta vida de Pita Amor y el pito inútil de Ruiz Cortines». O qué tal las aventuras románticas de López Mateos con el consiguiente: «¿Qué toca hoy, señor presidente, viajes o viejas?».

¿A Pascual Ortiz Rubio no le decían «el Nopalito» por baboso? A Díaz Ordaz le gritaban: «Sal al balcón, chango hocicón». La devoción enfermiza de Echeverría por Chile llevó a los mexicanos a decir: «México para los chilenos y Chile para los mexicanos». Salinas pasó de ser el chaparrito orejón al Ratón Chupacabras; Fox reunió una enciclopedia, pero Muñoz Ledo llegó a definirlo como el Alto Vacío, y así, sexenio tras sexenio. Nadie se salva.

El gobierno de la 4T no tiene risas grabadas y nuestro presidente aguanta poco o quizá perdió el sentido del humor, porque «el que ríe al último... es que no entendió el chiste».

AR

¿EL CURA QUÉ?

«CUANDO RECIBAS ESTA CARTA SIN RAZÓN, UUUUFEMIA, / YA SABRÁS QUE ENTRE NOSOTROS TODO TERMINÓ...», SEGURAMENTE CANTABA ALEGRE LÓPEZ OBRADOR EN PALACIO NACIONAL.

DOÑA BEATRIZ FUE FOTOGRAFIADA EN UNA REUNIÓN CON LA PRIMERA DAMA FRANCESA, BRIGITTE MACRON, EN LA QUE, POR CIERTO, SÍ USÓ CUBREBOCAS, MIENTRAS QUE EN TIERRAS AZTECAS LO DESDEÑABA, TAL COMO SU MARIDO.

DOÑA BEATRIZ HABÍA DICHO QUE PRIMERO MUERTA QUE ASUMIR EL PAPEL DE *«PRIMERA DAMA».*

«Cuando recibas esta carta sin razón, Uuuufemia, / ya sabrás que entre nosotros todo terminó...», seguramente cantaba alegre López Obrador en Palacio Nacional mientras terminaba de escribir tres cartas que Beatriz Gutiérrez Müller, su afamada esposa, debía entregar al papa, al presidente de Italia y al de Austria, en una gira de la cual en México nos enteramos hasta el momento en que doña Beatriz fue fotografiada en una reunión con la primera dama francesa, Brigitte Macron, en la que por cierto sí usó cubrebocas, mientras que en tierras aztecas lo desdeñaba, tal como su marido.

Eran los primeros días de octubre de 2020 y, hay que decirlo, la gira fue una sorpresa para nosotros, el pueblo, porque como doña Beatriz había dicho que primero muerta que asumir el papel de «primera dama», resultaba por demás extraño que viajara a Europa como toda una... primera dama.

Un escalofrío recorrió mi cuerpo cuando vi en la prensa la imagen de la doctora Gutiérrez sentada frente al papa, vestida de manera impecable, toda de negro: de inmediato pensé en Carlota, sobre todo al saber que la no-primera dama había seguido la misma ruta que la emperatriz cuando regresó a Europa en 1866: primero visitó Francia y luego fue al Vaticano, donde enloqueció. Qué bueno que nuestra no-primera dama no enloqueció.

La gira de Beatriz Gutiérrez Müller por Europa tenía como fin solicitar a Francia, a Italia, al Vaticano y a Austria que le prestaran a México objetos, documentos, códices y piezas arqueológicas que resguardan en sus museos —como el dichoso penacho de Moctezuma, del que hablaremos en otro episodio—, con el fin de exponerlas para las conmemoraciones de 2021: los 700 años de la fundación de Tenochtitlan —que se inventó la 4T—, los 500 años de la «invasión colonial española» —como la definió el presidente— y los 200 años de la consumación de la Independencia. *Spoiler alert*: la gira se convirtió en un paseo, porque ningún país nos prestó nada.

Lo más rescatable del viaje de nuestra no-primera dama fueron las cartas que nuestro amado líder les envió a los amados líderes de los otros países. López Obrador creyó que estaban ávidos de conocer la historia de México y solo esperaban que alguien llegara a iluminarlos.

Al presidente de Italia le escribió que un nieto de Giuseppe Garibaldi, al que llamaban Peppino, se unió a la revolución de Madero y alcanzó el grado de general en el movimiento que terminó en mayo de 1911, acaudillado por rebeldes como el famoso «centauro del norte», Francisco *Pancho* Villa. Pero fue más lejos. «Este Garibaldi, en mi opinión», escribió López Obrador, «es una figura parecida al legendario guerrillero Ernesto *Che* Guevara, un soldado internacionalista».

Por fortuna para México, López Obrador no le contó su anécdota favorita: que la familia Mussolini le puso Benito a uno de sus hijos en honor a Benito Juárez. Pero lo escrito al presidente de Italia fue *peccata minuta*, porque la carta al papa Francisco se llevó las palmas.

—¿El cura qué? —preguntó el papa, luego de que su secretario particular leyera las líneas de nuestro presidente, en las que explicaba que la Independencia de México la realizaron «dos sacerdotes buenos y rebeldes».

—Hidalgo, su santidad, el cura Hidalgo —respondió.

—¿Y qué más dice? —preguntó el papa Francisco, mientras bajaba sus anteojos ligeramente y miraba a su secretario con cierta extrañeza.

—Que con motivo de las conmemoraciones que tendrá México en 2021, tanto la Iglesia católica, como la monarquía española y el Estado mexicano deberían ofrecer una disculpa pública a los pueblos originarios que padecieron las más oprobiosas atrocidades, sus bienes y tierras fueron saqueados y ellos fueron sometidos desde la conquista de 1521 hasta el pasado reciente.

—Es broma, ¿no? —preguntó el papa, aún más sorprendido.

—No, su santidad, no lo es, pero hay más. El presidente de México dice que sería un detallazo de nuestra parte, bueno, dice que sería «un acto de humildad y a la vez de grandeza de la Iglesia católica» si reivindicáramos la gesta histórica del «padre de la patria».

—¿Y quién es el padre de la patria? —preguntó el papa con hartazgo.

—Hidalgo, el cura Hidalgo, su santidad, según nos cuenta el presidente de México.

AMLO NO LE CONTÓ SU ANÉCDOTA FAVORITA: QUE LA FAMILIA MUSSOLINI LE PUSO BENITO A UNO DE SUS HIJOS EN HONOR A BENITO JUÁREZ.

Unos días después de que la no-primera dama entregara la carta, el nuncio apostólico recibió la respuesta que el Vaticano le envió a nuestro presidente y que compartió con los medios de comunicación:

El papa ya le contestó al presidente. Le escribió una carta reconociendo la falla histórica en este encuentro de culturas, de razas, de personas, de pueblos [refiriéndose a la Conquista]. Hubo seguramente algunas sombras, hubo también muchas luces. Entonces es justo en este momento histórico reconocer tanto lo que no fue bien como lo que fue provechoso para todos.

Cuentan las malas lenguas que al terminar de leer la carta de nuestro presidente, el papa Francisco respiró profundamente, miró al cielo y dijo: «Señor, perdónalo, no sabe lo que hace».

AR

63

«¡FUCHI CACA!»

NUESTRO PRESIDENTE ES UN GENIO DE LA COMUNICACIÓN QUE HA DEJADO VARIAS EXPRESIONES PARA LA POSTERIDAD. AQUÍ, UNA QUE NO LE SALIÓ TAN BIEN.

«¿Oí bien? ¿El presidente acaba de decir *caca*?», se preguntaba, incrédulo, más de uno. Adelantamos la respuesta, por si las lectoras, los lectores, se perdieron el momento: así fue. Si este libro llega por algún milagro a las manos de un historiador del siglo XXIII, que lo dé por confirmado: sí, un presidente de México se atrevió a decir públicamente *caca*. Caca, y algo más.

Uno tiene que saber cuándo detenerse, sin importar que seas un niño que interrumpe sin parar con chistoretes la reunión familiar —por aquello de que traes una sobredosis de azúcar, se rieron de la primera gracejada y ya no eres capaz de meter el freno— o el presidente constitucional de los Estados Unidos Mexicanos. Aquel 9 de febrero de 2020, en Milpa Alta, el presidente, tenemos que decirlo, no supo detenerse. Le habían salido bien unas cuantas. Alguna vez dijo «fifí», una expresión que ya era considerada una antigualla varias décadas atrás, y *fifí* se quedó, otra vez, en el lenguaje popular, como se quedaron en su momento «Me canso ganso», que las abuelas de los autores de este volumen habían dejado de usar mucho antes de morir por una cuestión de pudor, o, más efímeramente, «Lo que diga mi dedito», expresión que hace pensar, de manera inevitable, en que nos gobierna una maestra de kínder de los años setenta, salvo, claro, por el hecho de que el presidente es un prodigio de virilidad.

Así que, es de imaginarse, ese día, en Milpa Alta, llegó sobrado, demasiado seguro de sus capacidades, y se dejó ir: que la corrupción, dijo en un tono de veras exaltado... «¡Fuchi caca!». Esa vez, a diferencia de lo que pasó con «fifí» o «Me canso ganso», la ocurrencia no le salió bien, lo que tal vez dé ciertas esperanzas en nuestro futuro como civilización. Ni sus seguidores más fanatizados se atrevieron a festejárselo y, mucho peor, la oposición aprovechó para asestarle un apodo que, nos tememos, tardará mucho en desaparecer. El Cacas, sí. Inaceptablemente, al titular del Ejecutivo se le llama «El Cacas» o, en otras versiones, «el KKs».

Señor presidente: por favor, no, nunca, en ninguna circunstancia, en ningún contexto, vuelva a decir «Fuchi caca». Ese es el mensaje fraterno que le queremos hacer llegar desde este espacio. Ya que estamos, nos permitimos aprovechar la ocasión para implorarle que, contra todos sus impulsos, evite también las expresiones: «Corrupción, popó», que podría acarrear apodos igualmente inaceptables; «Cara de pedo», por las mismas razones; «Botellita de jerez, todo lo que digan será al revés», una tentación, por ejemplo, en el contexto de una comparecencia incómoda ante los medios, que lanzan acusaciones muy injustas, o «Qué te importa, come torta», en el caso de, digamos, un momento incómodo en la relación con Joe Biden.

Nada que agradecer, señor presidente. Estamos para servir a la patria.

JP

65

¡DEVUELVAN LO QUE ES NUESTRO!

UN PENACHO EN CADA HIJO TE DIO

SÉ QUE SE TRATA DE UNA MISIÓN CASI IMPOSIBLE, BEATRIZ —RESPONDIÓ EL PRESIDENTE CON LOS OJOS LLENOS DE ESPERANZA—, SE LO APROPIARON; NI SIQUIERA A MAXIMILIANO SE LO PRESTARON CUANDO IMPUSIERON EL SEGUNDO IMPERIO. PERO RECUERDA QUE LOS QUE LUCHAMOS POR LA TRANSFORMACIÓN DEL PAÍS NUNCA DEJAMOS DE SOÑAR; SOMOS IDEALISTAS Y UTÓPICOS, ESA ES LA ESENCIA DE NUESTRA VIDA. ADEMÁS, CONFÍO EN TU SIMPATÍA PARA CONSEGUIRLO.

«SERÍA UN GRAN ACONTECIMIENTO, UN MOMENTO ESTELAR EN NUESTRA HISTORIA COMÚN —LA DE MÉXICO Y AUSTRIA— QUE EL PENACHO DE NUESTRO GRAN JEFE O TLATOANI MOCTEZUMA PUDIERA EXHIBIRSE EN NUESTRO PAÍS».

Desde que López Obrador se imaginó en la presidencia, se vio a sí mismo con el penacho de Moctezuma coronando su cabeza, pues desde los primeros días de su gobierno estuvo duro y dale, duro y dale con que los austriacos nos devolvieran esa joya del arte plumaria mexica. Devolución que ya había sido solicitada con anterioridad por algunos expresidentes, también sin éxito, y por un grupo de mexicanos que se dicen descendientes de los mexicas y que se manifiestan con cierta regularidad afuera del Museo de Etnología de Viena, donde está expuesto el penacho.

Para ayudar a la no-primera dama en su misión, López Obrador le escribió una carta al presidente de Austria, en la que explicaba lo importante que era la pieza con miras a las conmemoraciones de 2021: «Sería un gran acontecimiento, un momento estelar en nuestra historia común —la de México y Austria— que el penacho de nuestro gran jefe o tlatoani Moctezuma pudiera exhibirse en nuestro país».

El presidente mexicano esperaba que a los austriacos se les ablandara el corazón e incluso donaran el penacho a los mexicanos —sí, usó el término «donación», pues no quiso usar la expresión «devuélvanos el penacho, ratas miserables», para no herir susceptibilidades—, pero, de no ser así, cuando menos que aceptaran prestarlo con el compromiso del presidente de regresarlo en un plazo no mayor a un año.

Todo estaba bien con la carta, con los argumentos del presidente, hasta que dejó de estarlo. Por más que trataron de explicarle al presidente austriaco, por más que llamaron al mejor traductor de Austria, nunca pudo comprender qué quiso decir López Obrador en los párrafos finales de su misiva:

> No está de más comentarle que vivo en un departamento en Palacio Nacional, que fue primero palacio de Moctezuma y, tras la invasión colonial, palacio virreinal, luego palacio imperial y desde 1821 palacio nacional. No deja de ser motivo de reflexión para mí ver todos los días, cuando camino hacia mi despacho, esos faroles, lámparas, jarrones y adornos vieneses de 1865 que datan de la época de Maximiliano. En síntesis, por un tema de austeridad republicana, vivo sobre los restos de varios imperios, aunque también en el sitio mismo donde se han llevado a cabo las gestas más importantes de mi patria.

LA SIMPATÍA DE DOÑA BEATRIZ NO ALCANZÓ PARA CUMPLIR CON SU MISIÓN HISTÓRICO-DIPLOMÁTICA.

La simpatía de doña Beatriz no alcanzó para cumplir con su misión histórico-diplomática. Los austriacos rechazaron la solicitud de préstamo, pero un año y cuatro meses después de aquel viaje a Europa, durante la mañanera del 24 de febrero de 2022, el presidente sacó una vez más el tema del penacho y nos enteramos de que los austriacos habían tratado con «arrogancia y prepotencia» a doña Beatriz. Se lo había guardado por mucho tiempo, pero el rencor pudo más.

«FUE MUY DESAGRADABLE ESTE ENCUENTRO QUE SOSTUVO BEATRIZ CON EL PRESIDENTE DE AUSTRIA».

«Fue muy desagradable este encuentro que sostuvo Beatriz con el presidente de Austria», contó López Obrador; «me platica que él no tenía mucho conocimiento y estaba rodeado de señores y señoras que se creen dueños del penacho, pues apenas se estaba tratando el tema y ellos decían que no. Lo cierto es que se han apropiado de algo que es de los mexicanos y, como suele pasar en todo lo que tiene que ver con el arte y la cultura, no solo han saqueado a los pueblos, sino también su patrimonio cultural, artístico».

Al presidente siempre le fallan sus colaboradores, porque alguno debió comentarle que durante los oscuros años del neoliberalismo, en 2010, se llevó a cabo un protocolo de restauración y conservación de la pieza entre México y Austria, en el que participaron especialistas del INAH y del Museo de Etnología de Viena, que trabajaron durante dos años en el penacho del México antiguo —llamado así porque no se puede afirmar que haya pertenecido a Moctezuma ni que hubiera sido enviado a Carlos V—; también se habría enterado de que, en 2017, especialistas de ambos países coincidieron en que su frágil estado no permitía que fuera trasladado hasta existir una tecnología que pudiera impedir cualquier vibración.

El penacho continuará en Viena hasta que un nuevo tlatoani lo reclame para sí. Pero nuestro presidente no se quedó con las manos vacías: por las noches, en Palacio, abraza el hermoso cojín estampado con el penacho de Moctezuma que doña Beatriz le compró de recuerdo en la tienda del museo en Viena.

AR

NACES. CRECES. TE FORMAS EN INSTITUCIONES DE ÉLITE. ESCALAS EN LA POLÍTICA. ACABAS ESCONDIDO EN UN SANIRENT.

La 4T es una madre amorosa, capaz de perdonarles a sus hijos cualquier pecado. Pero con uno, al menos, ha sido exigente hasta las fronteras con la crueldad. Para Mario Delgado, el sexenio de Andrés Manuel López Obrador no ha sido un camino de rosas. Ese día de abril de 2021, con las elecciones intermedias a tiro de piedra, Mario caminaba, como cualquier ciudadano, por la calle, frente al INE, cuando un grupo de simpatizantes de Morena empezó a increparlo. De todo le dijeron: que era un sinvergüenza, que se había robado las elecciones, y lo peor, el pecado sin posibilidades de redención en el México de hoy: que había traicionado al presidente.

Un par de años antes, las cosas pintaban de manera muy diferente para él: se abría ante sus ojos el mundo entero. Educado en el ITAM y Essex, secretario de Finanzas y de Educación en el periodo de Marcelo Ebrard al frente del gobierno del Distrito Federal, había sobrevivido a escándalos tan grandes como el de la Línea 12 del Metro, cuya construcción fue un prodigio de irregularidades monetarias (y terminó en el desplome de una estación que dejó abundantes personas muertas y heridas). Antecedentes como esos, sabemos, te abren otras puertas: las de Morena. En 2018 fue elegido para la Cámara de Diputados por esa organización, de la que se volvió dirigente nacional en 2020. A partir de entonces, como que no da pie con bola.

Ese día, Mario, ante los reclamos que simplemente no bajaban de intensidad, apuntó un escueto «Voy al baño» y, creemos que imprudentemente, se escondió en un wc portátil. Hiela la sangre imaginar qué hubiera pasado si el morenismo enfurecido hubiera cargado contra el SaniRent —esos baños azules que se ven en los conciertos al aire libre, por ejemplo— con él adentro. Pero ese episodio fue apenas un aviso de lo que venía. Mario ha probado en varias ocasiones el trago amargo del repudio popular, o del fuego amigo, si prefieren verlo así. El cuatroteísmo celebra los tres años de presidencia de Andrés Manuel López Obrador, y toda la parte alta del Auditorio Nacional se une en un grito de repudio contra el presidente de Morena. Sacando fuerzas de flaqueza, Mario intenta hacerse el simpático en su discurso, dice que el movimiento triunfó en las elecciones porque bateó «a más de 300» [sic], y demuestra que no entiende nada de beisbol, que, sabemos, es la piedra angular de la 4T y el deporte favorito del presidente. Más abucheos. Mario viaja a Aguascalientes a un acto masivo y le tiran huevos. Mario viaja a Durango, le gritan «corrupto». Mario viaja a Puebla, le gritan «traidor».

¿Qué hacen los niños rechazados por sus padres, su madre en este caso? Sobreactúan en busca de aceptación, con resultados desastrosos. Mario apoya a Félix Salgado Macedonio, acusado reiteradamente de acoso sexual y, peor, de varias violaciones, y se gana el repudio de las mujeres del movimiento. Mario viaja a Oaxaca, tacha a los reporteros de «mercenarios» en una rueda de prensa, los reporteros —es una constante, sí— lo abuchean. Mario se convierte en ruletero cuando la consulta para la revocación de mandato y le da aventón en una camioneta a quien quiera ir a las urnas, y lo acusan de acarreo. Pero faltaba lo peor. No había terminado de sacudirse las burlas por lo de entregarse al acarreo cuando, pocos días después, la oposición echó para atrás en la Cámara de Diputados una de las iniciativas centrales del presidente López Obrador, la llamada reforma energética. ¿De quién fue la culpa? De Mario, que, como líder de Morena, perdió la mayoría calificada en las elecciones intermedias. Así que Mario se lanza a una campaña para procesar por traición a la patria a los diputados de oposición, en un sonoro «Perdón, oh, líder», y a Mario lo masacran a memes.

Mario, pues, está en una espiral descendente; en un círculo vicioso: maltrato, error, más maltrato; en, pues, un ciclo autodestructivo.

En marzo de 2021 nos enteramos de que el compañero Delgado había depositado cincuenta dólares al mes, durante seis meses, a la cuenta de NXIVM, la secta de Keith Raniere, acusado de esclavizar sexualmente a las mujeres del culto que encabezaba —mujeres a las que se marcaba a fuego con sus iniciales, literalmente—, de la violación de una menor y de posesión de pornografía infantil. Mario dice que sí, que había pagado esas cantidades, pero que no estaba al tanto de lo que pasaba en ese mundo de pesadilla. Seguramente. El problema es que varias personas que pasaron por NXIVM dicen que el compañero tomó varios cursos que daba ahí, en la secta, Clara Flores, alcaldesa de Escobedo, Nuevo León. Tiempo después, Mario va al nombramiento de la señora Flores como candidata de Morena a la gubernatura de ese estado.

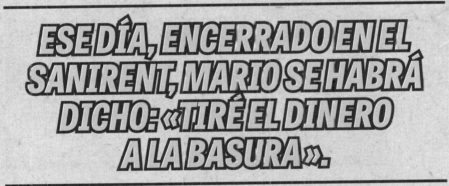

ESE DÍA, ENCERRADO EN EL SANIRENT, MARIO SE HABRÁ DICHO: «TIRÉ EL DINERO A LA BASURA».

El curso de NXIVM se llamaba Executive Success Program. Era la forma en que Raniere captaba fieles: prometía llevarte a ser un líder exitosísimo, un prodigio empresarial; ya saben: ayudar a los hombres a «convertirse en miembros más poderosos e influyentes de la sociedad». Ese día, encerrado en el SaniRent, Mario se habrá dicho: «Tiré el dinero a la basura».

JP

JORGE ALCOCER, CANDIDATO A LA ORDEN DE TEPETITÁN

CASO ÚNICO EN EL GABINETE, TENÍA UNA REPUTACIÓN QUE CUIDAR. DECIDIÓ SEPULTARLA, A MAYOR GLORIA DEL PRESIDENTE DE LA REPÚBLICA. CON USTEDES, EL SECRETARIO DE SALUD. GLORIA A ÉL.

OYE, ¿CÓMO QUE ERES ANTIVACUNAS?

CLARO, PORQUE LA TIERRA ES PLANA.

AG

Jorge Alcocer, el secretario de Salud, es único.

Trabajar para la 4T es todo menos estresante, por una razón: lo más probable es que nadie espere algo de ti. Cuando eres un presidente todopoderoso y *omniabarcante* que lo decide todo en todos los ámbitos, desde la política energética hasta las estrategias para enfrentar una pandemia (detentes y tlayudas), hasta el deporte que debes practicar para alcanzar el cuerpo de un atleta keniano (beis), hasta la cantidad de zapatos que debes atesorar (dos, uno por pie), no necesitas reclutar a personas capacitadas para desempeñarse en un cargo. De esa forma, puedes dar trabajo generosamente a aquellos que, en otro México, no hubieran encontrado chamba ni por milagro. Es así como en el equipo del presidente encuentras a Octavio Romero, que dirige Pemex con perdidas de 35 mil millones de dólares, o a Hugo López-Gatell, el Doctor Muerte. No, la 4T no tiene reputaciones que destruir.

Bueno *casi* no tiene reputaciones que destruir. Hay, en efecto, una excepción: la de Jorge Alcocer. El doctor Alcocer llegó al sexenio obradorista con buenas credenciales. Formado en el University College de Londres y la UNAM, donde es profesor; Premio Nacional de Ciencia; integrante del Sistema Nacional de Investigadores, y antiguo jefe de unidad en el prestigiado Instituto Nacional de Nutrición, se ha distinguido, además, por su bajo perfil. En efecto, la labor de Alcocer ha sido, como se exige en esta administración, de una silenciosa inoperatividad.

Con todo, *Tata* Jorge ha demostrado en un par de ocasiones que, como todo funcionario digno de la 4T, sabe levantar la voz y pronunciarse sin cálculos egoístas, listo para caer en picada a mayor gloria de la imagen del presidente, libre de las cadenas de la autoestima y la prisión del ego. Sus oportunidades llegaron con el espinoso asunto de la vacunación para menores de edad, a la que el presidente se opuso originalmente para no gastar en vacunas caras, el Doctor Muerte se opuso luego de apoyarla, porque ni modo de contradecir al tlatoani, y Alcocer se opuso sin más, con la generosidad de un hombre que podría gozar de una semijubilación apacible, silenciosa, y sin embargo, a sus 75 años, decide inmolarse en nombre de la causa. El mismo día que Pfizer anunciaba que su vacuna contra covid era recomendable para criaturas de 5 años, una afirmación que compartiría, por ejemplo, la OMS, Alcocer dijo: «A mis nietos no los vacuno». Que el sistema inmune de los escuincles es una joya y la vacuna lo pasaría a arruinar, dijo, y al decirlo nos regaló el primer secretario *antivaxxer* de la historia nacional. No paró ahí. Tiempito después, aseguró que el covid, en los niños, se arregla con lo de toda la vida: tecitos, paracetamol y VapoRub. Más el amor de una madre, le faltó decir.

Por ese espíritu desprendido y solidario, ese espíritu de sacrificio, es que don Jorge Alcocer Varela, inmunólogo, abuelo, hombre de convicciones, merece un reconocimiento como funcionario modelo, una suerte de Medalla Lenin. No sabemos si existe la Orden de Tepetitán. Si no existe, habría que inventarla.

JP

USTÉ DISCULPE

¡MALDITOS GACHUPINES RATEROS!

¡LES FALTÓ HUMILDAD!

LA CARTA EN LA QUE NUESTRO PRESIDENTE SOLICITÓ LAS DISCULPAS DE ESPAÑA ESTABA DIRIGIDA AL REY, PERO FUE FILTRADA A LA PRENSA.

—Ha llegado la hora de ir a coger gachupines —exclamó con emoción el presidente López Obrador en su modesto departamento de Palacio Nacional.

—Pero, señor presidente, no puede decir eso, es la frase que exclamó el cura Hidalgo minutos antes de dar el Grito —le respondió uno de sus ayudantes.

—Está bien, está bien. Entonces ponle «que España ofrezca disculpas a nuestros pueblos originarios por los atropellos que cometieron durante la Conquista».

Era marzo de 2019, se cumplían 500 años del inicio del proceso de conquista y nuestro presidente se envolvió en la bandera tricolor y comenzó una cruzada para que España, el Vaticano y, ya entrados en gastos, la humanidad entera ofrecieran disculpas a los mexicanos por todos los abusos cometidos en nuestra contra a lo largo de la historia.

La carta en la que nuestro presidente solicitó las disculpas de España estaba dirigida al rey, pero fue filtrada a la prensa y se armó el zafarrancho en la opinión pública y la clase política de ambos países. No pasó a mayores, pero, como el presidente López Obrador es un poquito rencoroso, se guardó el tema en su pecho —que sí es bodega cuando se trata de sus malquerientes— y volvió por sus fueros en julio de 2021.

«Nosotros enviamos una carta de manera respetuosa y ni siquiera tuvieron la delicadeza de responderla. Les faltó humildad», expresó. Solo le faltó el violín de fondo, porque

POCO FALTÓ PARA LLEVAR A UNO QUE OTRO ESPAÑOL AL GRAN TEOCALLI DE TABLARROCA QUE ARMARON EN EL ZÓCALO PARA LA CONMEMORACIÓN Y OFRECERLO EN SACRIFICIO A LOS DIOSES.

se quejó con amargura de que su misiva hubiera sido tomada con arrogancia, que se burlaran de su propuesta de reconciliación y, sobre todo, que fuera víctima de indiscriminados ataques contra su persona y muchos chistes. Ya ni la amuelan.

Inspirado por el espíritu de Hidalgo y de Morelos, el nuevo insurgente de Palacio arremetió contra empresas españolas «que se dedicaron a saquear y a robar en el periodo neoliberal con el apoyo de los gobiernos mexicanos», y remató con una advertencia: «México no es tierra de conquista. Eso no se va a permitir ya». El nacionalismo chabacano de otras épocas había llegado para quedarse.

El gobierno español desestimó el tema de las disculpas en todo momento, pero como el presidente de México no está acostumbrado a un «no» como respuesta y es intolerante a la frustración, durante las conmemoraciones por los 500 años de la Conquista arremetió una vez más contra España: «Los conquistadores trajeron la corrupción», «las empresas Iberdrola y Repsol saquearon a México en una especie de segunda conquista de México», «que no nos vean como tierra de conquista», «no queremos que nos roben». Poco faltó para llevar a uno que otro español al gran teocalli de tablarroca que armaron en el Zócalo para la conmemoración y ofrecerlo en sacrificio a los dioses.

Pero ahí no terminó el asunto. López Obrador continuó enchilado y en febrero de 2022, al más puro estilo de las relaciones amorosas, planteó un *break* en la relación entre México y España. «Necesitamos darnos un tiempo», expresó. Solo le faltó agregar: «No eres tú, soy yo», aunque más pronto cae un hablador que un cojo y rápidamente se echó para atrás.

En algún momento, entre pataletas y berrinches, el presidente había dicho que la disculpa de España era la única forma posible de lograr una reconciliación plena, lo cual desconcertó a propios y extraños porque al menos desde 1862, cuando España reconoció al gobierno constitucional de Benito Juárez en vísperas de la intervención francesa, las relaciones entre ambos países han sido cordiales, solidarias y constructivas. Pero bueno, sabemos que el presidente sí cree que los españoles tienen la culpa de todos nuestros males.

Pensándolo bien, nuestro amado líder se quedó muy corto. No solo debió pedir las disculpas del Vaticano y de España, también debió exigir a los descendientes de los mexicas que se disculparan con los pueblos originarios del valle de México por explotarlos durante más de cien años, debió exigirles también que se disculparan con los tlaxcaltecas, a quienes se trajeron asoleados durante décadas, además de todos los que se comieron al caer prisioneros durante la batalla de la Noche Feliz, como le llama ahora la 4T a la otrora Noche Triste.

También debió escribirle a Emmanuel Macron y, con ese ánimo de justiciero y libertador 4T tan característico de López Obrador, exigirle una disculpa de rodillas porque los franceses, no contentos con bombardear Veracruz durante un año por unos pinches pasteles (1838), nos invadieron y trajeron un ejército de ocupación durante cinco años (1862-1867).

¿Y qué me dicen de los austriacos?, exigimos sus disculpas por gandallas, por haberse quedado con el penacho de Moctezuma y por habernos enviado a uno de sus príncipes a gobernar, y no tanto porque fuera un usurpador, sino porque era el más mediocre y pusilánime de la casa de los Habsburgo.

Pero, por encima de todos los casos anteriores, yo esperaría que los espíritus de Hidalgo, Juárez, Madero, Carranza, Zapata, Villa, Cárdenas y compañía soplaran sobre el gran corazón de nuestro presidente y viajaran a la Casa Blanca a exigirles a los gringos la mayor de las disculpas posibles por los 2 400 000 kilómetros cuadrados de territorio que nos arrebataron en 1848, por los mercenarios que apoyaron a los texanos en 1836, por la participación del embajador Henry Lane Wilson en la caída y el asesinato de Madero, por la invasión a Veracruz en 1914, por el trato que le da a nuestros migrantes y, de una vez, por Disneylandia.

AR

ESTRELLA DE LA MAÑANA

La gobernadora colgó el teléfono, sonrió ampliamente con esos enormes labios pintados de rojo que la caracterizan, volteó hacia su gente y les dijo: «¡Viene nuestro presidente! ¡Viene nuestro presidente a Campeche!».

Layda Sansores se levantó de su escritorio, tomó el retrato de López Obrador, lo apretó contra su pecho y comenzó a cantar: «Eres, por tu forma de ser conmigo lo que más quiero. / Eres, mi timón, mi vela, mi barca, mi mar, mi remo. / Eres, agua fresca donde se calma la sed que siento. / Eres el abrazo donde se acuna mi sentimiento».

Imbuida aún de emoción, la gobernadora llamó a su secretaria particular para dictarle el discurso con el que recibiría a nuestro amado líder: «Siempre fuiste para nosotros el guía, el líder, el libro, el poema; el que siempre marca la ruta y vamos a seguir cumpliendo con tu ley». No, no era otra canción de Napoleón, eran sus palabras, que brotaban desde lo más profundo de su corazón.

No podía ser de otra forma. Desde que López Obrador dijo a nosotros, el pueblo, «Ya no me pertenezco, yo soy de ustedes», todos sus colaboradores, el gabinete, los miembros de su partido, sus diputados y senadores, sus gobernadores, incluso uno que otro del PRI y hasta el presidente de la Suprema Corte de Justicia, Arturo Zaldívar —incapaz de tocarlo ni con un artículo de la Constitución—, le entregaron su corazón, su mente, su dignidad, e hicieron de la zalamería un requisito para ser parte de la 4T.

¿Quién podría estar en desacuerdo con ese paladín de la mesura que es Antonio Attolini?: «Lo que el presidente López Obrador hizo hoy en Naciones Unidas resonará con un eco de época en los pasillos del templo de la historia». ¿Algún reparo contra la profesión de fe de Claudia Sheinbaum?: «Usted nos representa, señor presidente, es el anhelo por el que luchamos».

¿Y qué tal doña Olga Sánchez Cordero? Que si bien no pudo cantarle las mañanitas al presidente al más puro estilo de Marilyn Monroe, al cumplir dos años de su toma de posesión le extendió

80

una moderada felicitación: «A dos años de la más grande transformación y cambio democrático de la trayectoria reciente del país, encabezado por usted, viven la esperanza y garantía de justicia para los mexicanos».

Espero que la vida nos sonría para que en un futuro podamos contarles a las nuevas generaciones esa emotiva escena en la que la gobernadora de Baja California, María del Pilar Ávila, con su bebé en brazos, se acercó a la fotografía de nuestro amado líder y, llena de orgullo y con una suave voz maternal, le dijo: «Mira, él es el presidente de México, el mejor presidente que ha tenido nuestro país».

«La lambisconería será siempre un elemento que acompañe al poder», escribió Maquiavelo, pero no cabe duda de que se habría retractado si hubiera conocido a nuestro gran tlatoani; se habría inspirado en él para su célebre obra, pero la hubiera titulado *El rey*. ¿Más muestras de devoción? Mario Delgado, presidente de Morena, imagina el rostro de López Obrador dibujado en las nubes y escribe: «Nuestro presidente le ha regresado la dignidad a México, es un líder incansable, de época».

Lo mismo piensa la bancada de Morena en la Cámara de Diputados, que interrumpió la discusión del presupuesto de egresos, al fin no era importante, para cantarle las mañanitas al presidente, al tiempo que Rosa Icela Rodríguez, secretaria de Seguridad, escribía: «Hoy celebramos el cumpleaños del presidente, un hombre honesto, íntegro, ejemplo de perseverancia y liderazgo, con buenos sentimientos y comprometido con la transformación de nuestro país».

¿Por qué no mandar hacer un mural como el que se le ocurrió a Jesús Estrada, alcalde de Culiacán, en el que apareciera el presidente con la bandera de México en sus manos, flanqueado por Morelos, Hidalgo, Juárez, Madero y Cárdenas? AMLO, nuestro héroe sin capa.

Solo falta que lo propongan para Premio Nobel de la Paz. ¡Ah, no!, eso también ya ocurrió. La diputada de Morena Patricia Armendáriz lo propuso luego de que el presidente presentara en la ONU su Plan Mundial de Fraternidad y Bienestar.

Esperemos que la devoción por el presidente perdure hasta la consumación de los tiempos. Está a un paso de ser «espejo de justicia, trono de la sabiduría, causa de nuestra alegría, vaso espiritual, torre de marfil, arca de la alianza, puerta del cielo, estrella de la mañana, salud de los enfermos, refugio de los pecadores, consuelo de los migrantes, ruega por nosotros».

AR

81

UN ACOSADOR NO DEBE SER EMBAJADOR

«LE RUEGO QUE VAYA A OTRO LUGAR A CHINGAR LA MARRANA». «TE VOY A BLOQUEAR POR PENDEJO, ENANITO, MEZQUINO E HIJO DE LA CHINGADA».

¡ACUSACIONES DE ACOSO Y AGRESIÓN SEXUAL, LOAS AL ASESINATO, INSULTOS EN REDES SOCIALES UNA Y OTRA VEZ! UN CURRÍCULUM PERFECTO PARA SER EMBAJADOR DE LA 4T.

NO PUDO SER: PEDRO SALMERÓN SIGUE EN MÉXICO.

«Le ruego que vaya a otro lugar a chingar la marrana». «Te voy a bloquear por pendejo, enanito, mezquino e hijo de la chingada». «solo un pendejo incapaz de la más elemental comprensión de lectura puede creer que haya celebrado un asesinato». ¿Adivinan las lectoras, los lectores, a quién debemos estas expresiones elevadísimas, rastreables todas en Twitter, de las que hemos rescatado rigurosamente el uso heterodoxo de mayúsculas y minúsculas? Acertaron: a la persona que a Andrés Manuel López Obrador le pareció ideal para representar a nuestro país en Panamá. A Pedro Salmerón, pues.

Por si alguien se perdió esa historia, Salmerón no llegó a ser embajador. El fracaso no se debió, como podrían pensar, al uso de un lenguaje que se diría no muy propio de la elevada tradición de la diplomacia mexicana. Tampoco se debió a que un par de años antes, en 2019, tuviera que abandonar su cargo como titular del Instituto Nacional de Estudios Históricos de las Revoluciones Mexicanas, el INEHRM, por escribir que los guerrilleros que asesinaron al empresario Eugenio Garza Sada eran un «puñado de jóvenes valientes». No. La razón fue que cuando se anunció su nombramiento, un nutrido grupo de mujeres, con la muy conocida intelectual Denise Dresser a la cabeza, recordaron que Salmerón acumulaba una larga lista de acusaciones por acoso y agresión sexual, lo mismo en el ITAM, donde fue maestro, que en Morena. Y Pedro alcanzó la fama, probablemente no por las razones que hubiera deseado. «Un acosador no debe ser embajador», se leyó en todos los rincones de Twitter y redes sociales anexas.

LA SENTENCIA ADMITE UN PAR DE CAMBIOS. TODO INDICA QUE LA MEJOR POLÍTICA EXTERIOR MEXICANA ES UNA BUENA POLÍTICA EXTERIOR PANAMEÑA.

«Entonces, el presidente decidió retirar su candidatura, en un país con números escandalosos de violencia contra las mujeres...», dirán ustedes, con buenas razones. Mucho nos tememos que no. De hecho, el presidente elogió a Pedro hasta lo indecible. Dijo que era un gran historiador, casi tan bueno para hablar de Pancho Villa como Friedrich Katz, y que en realidad las acusaciones eran un *compló*: que había una campaña de linchamientos, dijo; que no había acusaciones formales contra Pedrito, argumentó; que ese asunto tenía «mucho de conservadurismo», añadió el llamado «presidente más feminista de la historia». De hecho, lo que hizo el presidente fue llevar la defensa de Salmerón a los límites con la ruptura entre ambos países. Que la canciller panameña, Erika Mouynes, conocida feminista, se había comportado como una inquisidora. Así lo dijo en una mañanera. Que seguro que el presidente de aquel país había sido engañado por esa mujer pérfida.

Lo qué pasó fue que Salmerón perdió la chamba porque Mouynes le dejó claro al gobierno mexicano, con toda la discreción y la amabilidad de una carta no pública, que no iban a darle el plácet, mientras que el presidente de aquel país dijo que de engaños nada, que estaba con la canciller. Lo que nos deja una reflexión sobre nuestra política exterior. El presidente ha dicho varias veces que «La mejor política exterior es una buena política interior». La sentencia admite un par de cambios. Todo indica que la mejor política exterior mexicana es una buena política exterior panameña.

No sabemos qué ha sido de Pedro. Sabemos, eso sí, que decidió cerrar su cuenta de Twitter. Algo tendrá que ver en esa decisión que a una de las mujeres que lo acusa de agredirla sexualmente le contestó, con ese uso heterodoxo de las minúsculas y sobre todo de la vocación diplomática: «¿pedirte las nalgas en una fiesta es acosarte?».

JP

CUADRO DE HONOR DE LA 4T

NOMBRE: BEATRIZ GUTIÉRREZ MÜLLER, ALIAS LA NO-PRIMERA DAMA

CARGO: NO-PRIMERA DAMA, AUNQUE HAGA TODO LO QUE HACE UNA PRIMERA DAMA. ENCARGADA DE ESCRIBIR LA NUEVA HISTORIA OFICIAL, CANTA MUY MAL LAS RANCHERAS Y LOS BOLEROS Y TODOS LOS GÉNEROS. ADMIRA AL POETA «MAMADO NERVO»

ANTECEDENTES: Representante personal de su alteza serenísima en el extranjero y enviada plenipotenciaria para recuperar códices, piezas prehispánicas y arte mexicano robado por los países imperialistas, hoy neoliberales. Es la única no-funcionaria que se ha atrevido a cuestionar la política de «Abrazos, no balazos» de su marido. Propone regalar libros a la delincuencia «para que dejen de hacer travesuras». Sí, así lo dijo.

FRASE CÉLEBRE:

«A ELLOS [LOS DELINCUENTES] HAY QUE REGALARLES UN LIBRO Y DECIRLES: TREGUA, POR FAVOR LEE PARA QUE NO ATAQUES A NADIE».

CON LETRAS DE ORO

NUESTRO HOMBRE DE MACUSPANA NOS ENSEÑÓ A CREER EN EL AMOR.

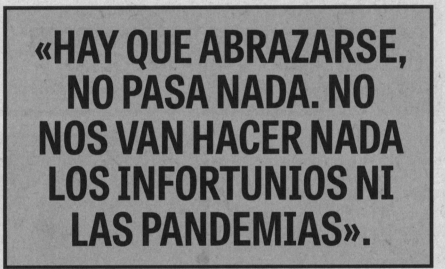

«HAY QUE ABRAZARSE, NO PASA NADA. NO NOS VAN HACER NADA LOS INFORTUNIOS NI LAS PANDEMIAS».

«_LA PANDEMIA NOS CAYÓ COMO ANILLO AL DEDO_».

Espero que dentro de mil años, cuando la 4T haya triunfado en México, en el mundo e incluso en el universo, todavía se encuentren inscritas con letras de oro, dentro de los anales de la historia, las preclaras y luminosas líneas que sobre la pandemia de coronavirus nos legaron el presidente López Obrador y sus más brillantes colaboradores para acallar la ignorancia de sus detractores y guiar al pueblo bueno, cual patriótico rebaño, por el sendero de la salud y la felicidad.

Sería un pecado imperdonable no reunirlas para la posteridad. Sería un sacrilegio que llegaran a perderse, pues no hubo una sola frase, una declaración o un comentario que no dejara ver el amplio conocimiento científico, el respeto a la ciencia médica, a la razón y a la prudencia que caracterizaron al gobierno de la 4T en esos aciagos tiempos en los que llegamos a pensar que el escenario más catastrófico para los mexicanos se presentaría si alcanzábamos 60 mil fallecimientos. Pero, como nuestro presidente estaba acostumbrado a superarse a sí mismo, su gobierno logró superar en más de cinco veces esas cifras.

Desde el principio, nuestro hombre de Macuspana nos enseñó a creer en el amor y en el poder de los abrazos, por eso al inicio de la pandemia sugirió: «Hay que abrazarse, no pasa nada. No nos van hacer nada los infortunios ni las pandemias».

Lo dijo nuestro presidente: «La pandemia nos cayó como anillo al dedo», y tenía razón, de otro modo los mexicanos no hubiéramos podido conocer esa luminosa faceta de nuestro amado líder que se tenía bien guardadita y que John Ackerman, ese dicharachero y simpaticón fanático de la 4T, develó en un programa de televisión: «[El presidente] es el científico. El secretario de Salud está siguiendo instrucciones del presidente de la República».

Y tenía razón, sobre todo cuando en cada mañanera el presidente nos recetaba un consejo, una recomendación o un pensamiento positivo para calmar la angustia de nosotros, el pueblo: «Según la información que se tiene, el coronavirus no es algo terrible, fatal. Ni siquiera es equivalente a la influenza».

Nunca perdió la fe y a lo largo de dos años repitió con exultante optimismo: «Ya pasó lo más difícil, lo más riesgoso», lo que anunciaba que venía lo más difícil y lo más riesgoso. También nos enseñó que con «no mentir, no robar, no traicionar» era suficiente para no contraer la enfermedad.

Cabe mencionar que todavía nadie ha explicado por qué todos sus colaboradores se enfermaron hasta dos veces y fueron los culpables de que el presidente no usara cubrebocas. Así nos lo hizo saber en una mañanera: «Me pondré un tapaboca cuando ya no haya corrupción».

El presidente de todos los mexicanos transmitió su confianza a sus colaboradores y pronto se encargaron de repetir sus palabras y llevarlas hasta los confines de la República. Nuestro Hipócrates mexicano, el humanista Hugo López-Gatell, tranquilizó a los mexicanos cuando garantizó que el presidente no podría enfermarse porque su fuerza era «moral y no de contagio».

Y aunque como decía una cosa decía otra —al más puro estilo de la Chimoltrufia—, zanjó la polémica sobre el uso del cubrebocas con una sólida y muy razonada afirmación: «No digo que no sirva. Lo que digo es que sirve para lo que sirve y no sirve para lo que no sirve».

Y de ahí pal real, a todos los funcionarios de la 4T les dio por dejar frases para la posteridad. «En Veracruz no preocupa la nueva cepa de covid porque no llegan vuelos de Inglaterra», fue lo que expresó el gobernador Cuitláhuac García, más preocupado por lograr que los baños de las gasolineras en el estado fueran gratis que por el covid.

«Si ustedes son ricos, están en riesgo; si ustedes son pobres, no. Los pobres somos inmunes», afirmó el gobernador de Puebla, Miguel Ángel Barbosa, que no resultó ser tan pobre, porque luego de enfermarse de covid recomendó como remedio un caldo de pollo con cebollita y chile bien picoso.

«¿Qué les preocupa? Si se mueren van a ver a su Dios», expresó el *dandy* de la Cámara de Diputados, Gerardo Fernández Noroña.

«Si no se van a morir de una cosa, se van a morir de otra cosa, entonces, creo que tenemos que aprender a vivir», dijo la expresidenta municipal de Xico, lista para organizar las fiestas del pueblo.

«No uso cubrebocas, estoy blindada con nanopartículas de cítricos», nos dijo la científica y jurista Olga Sánchez Cordero.

Espero que el último gran consejo que el presidente nos recetó, luego de haberse enfermado por segunda ocasión, sea retomado por la Organización Mundial de la Salud para combatir futuras pandemias: agua, paracetamol, limón, miel y sobre todo caricias con Vick VapoRub. ¡Que viva la ciencia!

AR

CUADRO DE HONOR DE LA 4T

NOMBRE: JORGE ALCOCER, ALIAS EL CHAMÁN
CARGO: MÉDICO BRUJO DE LA 4T CON ESTUDIOS DE POSGRADO EN MEDICINA DE DIOSES ANTIGUOS

ANTECEDENTES: Convencido de que la herbolaria, la homeopatía, el magnetismo curativo y los remedios de la abuela son más eficaces que la ciencia médica, recomienda tés, ungüentos y el Vick VapoRub para combatir todas las enfermedades de cuerpo y alma. Uno de los momentos estelares de su gestión de curandero fue cuando afirmó que la inmunidad del presidente se la regaló el pueblo gracias a que ha recorrido varias veces el país y ha tenido contacto con la gente. Ha impulsado la carrera de su aprendiz, el chamán menor, Hugo López-Gatell, cuya lógica científica quedó demostrada cuando dijo: «El cubrebocas sirve para lo que sirve y no sirve para lo que no sirve».

FRASE CÉLEBRE:

«A MIS NIETOS NO LOS VACUNO».

EL LARGO VIAJE HACIA LA IZQUIERDA DE MANUEL ESPINO

DE EL YUNQUE A LA 4T, MANUEL ESPINO, EXLÍDER DEL PAN, NOS RECUERDA LO FLEXIBLES QUE SON LOS CRITERIOS DE RECLUTAMIENTO EN ESTE SEXENIO.

> HOLA, SOY EL PRIMER *TRANSPOLÍTICO*: SOY DE DERECHA, PERO AHORA ME IDENTIFICO DE IZQUIERDA.

AG

Son terribles las acusaciones que le han caído a Manuel Espino, militante de Morena. Álvaro Delgado, por ejemplo, lo señaló hace unos años como parte de El Yunque, y eso es una cosa muy mala. En un libro llamado justamente así: *El Yunque. La ultraderecha en el poder*, el periodista asegura que la administración de Vicente Fox estaba filtrada por una organización clandestina radical, anticomunista furiosa, porque el comunismo es obra del diablo, dispuesta a enfrentar por la vía de la violencia a los más temibles enemigos del catolicismo, con los judíos y los masones a la cabeza. El Yunque, se entiende. Bien, pues a esa organización, de acuerdo con Álvaro, pertenecía don Manuel.

En alguna entrevista más o menos reciente, Espino dijo que no, que no es cierto, pero ya dijo en otra ocasión que en cambio sí que se afilió a DHIAC, Desarrollo Humano Integral y Acción Ciudadana, una organización a la que se atribuyen vínculos con el ala más conservadora del PAN, la del antiabortismo más radical, entre otras cosas, y de la que algunos expertos en estos asuntos, como Bernardo Barranco, dicen que es asimismo parte de... El Yunque. Más aún, don Manuel se dice todavía opuesto a la despenalización del aborto, por aquello de defender la vida desde la gestación, y a que a los matrimonios entre personas del mismo sexo se les llame así, «matrimonios». Que por qué no les buscamos otro nombre, dice, cuando el matrimonio es entre un hombrecito y una mujercita, punto.

¿Son esas credenciales las adecuadas para considerarte de izquierda? Claro que sí. Sí, en el México de hoy. Sí en el México obradorista, encabezado por un presidente que cita las Escrituras y canta las loas a Jesús más o menos todos los días, y que tiene como compañeros de ruta a los muchachones de otra ultraderecha, la cristiana. Sin embargo, el desplazamiento de don Manuel hasta la izquierda ha sido una peregrinación con muchas escalas. ¿Ultraderecha? Sí, pero flexible. Elástica, incluso. Empezó en el PAN, del que fue presidente en la primera década del siglo. Luego se hizo priista o casi: anunció que estaba con Peña Nieto, candidatazo de incuestionable vocación democrática. Luego se convirtió en diputado por Movimiento Ciudadano, en una especie de viraje socialdemócrata. Hasta que se sintió a gusto como un populista de izquierda, acompañando por el camino al presidente López Obrador, con la mira en la gubernatura de Durango, donde nació. ¿Qué seguirá? ¿Un rapto de ecologismo y al Verde? ¿De vuelta a la socialdemocracia y a los brazos del PRD?

Nada más no se nos confundan. No es que sea un chapulín, como se conoce a los que brincan de partido en partido, en pos de la chuleta. Es que los caminos del Señor son inescrutables.

De momento, queda confirmado: ultraderecha e izquierda unidas, jamás serán vencidas.

JP

91

EL TORO Y EL REBAÑO

CON VARIAS ACUSACIONES POR VIOLACIÓN, FÉLIX SALGADO MACEDONIO NO PUDO SER GOBERNADOR POR CUESTIONES BUROCRÁTICAS. O TAL VEZ SÍ.

ANDRÉS MANUEL LÓPEZ OBRADOR *SABE PREMIAR LA LEALTAD*, UNA VIRTUD QUE BORRA CUALQUIER PECADO. ¿TE ROBASTE VARIOS MILLONES DE DÓLARES DEL SINDICATO? ¿TIENES UNA GIGANTESCA VARIEDAD DE PROPIEDADES DE PROCEDENCIA INEXPLICABLE? ¿TU HIJO APROVECHÓ LA PANDEMIA PARA HACER NEGOCIOS CON RESPIRADORES VENDIDOS CON MUCHO, PERO MUCHO SOBREPRECIO AL GOBIERNO FEDERAL? ¿TE GRABARON RECIBIENDO FAJOTES DE EFECTIVO? *NO PASA NADA: MANTENTE FIRME EN TU DEVOCIÓN POR EL PRESIDENTE* Y TODO QUEDARÁ OLVIDADO. ESE «*TODO*» INCLUYE VARIAS ACUSACIONES POR VIOLACIÓN, COMO DESCUBRIMOS CUANDO *EL TITULAR DEL EJECUTIVO, CONTRA VIENTO Y MAREA*, DEFENDIÓ LA PRECANDIDATURA A LA GUBERNATURA DE GUERRERO DE FÉLIX SALGADO MACEDONIO.

Al menos cinco mujeres acusan a Salgado de agresiones sexuales, incluida una militante de Morena que asegura haber sufrido una violación a sus manos cuando era menor de edad. En cuanto se anunció su precandidatura, incluso en el partido, siempre tan obediente con los designios de su líder, hubo muestras abiertas de indignación por parte de sus militantes, de las mujeres en especial. Salgado ni se inmutó: que eran *fake news*, dijo, textualmente, y el presidente lo dio por bueno. Que las acusaciones tenían motivaciones ocultas. La sucia política, pues. Adelante, mi Félix. Y llegó más lejos: «¡Ya chole!», dijo cuando se hartó de las preguntas de la prensa.

Félix siguió adelante, como ha seguido siempre. No se detiene ante nada. Es un toro, como le gusta referirse a su persona. Su trayectoria incluye una película de acción, *Guerrero*, en compañía de Lina Santos, estrella incontestable del cine de ficheras. En la peli, aparte de actuar, el camarada Macedonio es guionista. La dirección corre a cargo de Benjamín Escamilla, que ya antes nos deleitó con *Casos de alarma* y *Lo negro del Negro Durazo*. Esa trayectoria incluye, claro, abundantes fotos con chamarra de cuero y Harley-Davidson, recurso que, dicho sea de paso, es una constante en su película. Por supuesto, incluye una briaga apocalíptica, cuando era diputado por el PRD, en 2000, concluida con una trifulca con la policía chilanga. Lo salvó de la cárcel que era diputado. E incluye la presidencia municipal de Acapulco saldada con varios récords de inseguridad. Pero, viejo zorro de la política, sabe que en la Cuarta Transformación hay prioridades, y que si las atiendes estás protegido contra todo. ¿Los derechos humanos, la lucha contra la corrupción? No exactamente. Salgado tiene un disco, y el disco incluye la «Canción del Peje». En el video, el Toro exhibe una guayabera y una pasión por la rima no muy trabajada, pero ciertamente entusiasta: «En la raza oigo / que me dicen Obrador. / Que me quieren estudiantes / y del 132», dice nomás empezar.

Con eso queda ganado el corazón del presidente, hombre de lo más sensible. ¿Cómo podría resistirse a una canción? Que no puede haber linchamientos, añadió en defensa del activista cantarín nuestro presidente, al que por eso le pareció tan bien que Morena diera el visto bueno a la candidatura, lo que derivó en el tuit del futuro góber: «Hay Toro», por supuesto; tan mal que la candidatura la tirara el INE por

FÉLIX SIGUIÓ ADELANTE, COMO HA SEGUIDO SIEMPRE. NO SE DETIENE ANTE NADA. ES UN TORO.

un tecnicismo: Salgado no declaró oportunamente gastos de campaña, como marca la ley, y tan bien que finalmente la candidatura terminara en manos de Evelyn, la hija del compadre Félix, hoy gobernadora de Guerrero según la Constitución y el propio INE, aunque no según muchas voces inconformes y un par de videos que nos dejan ver al candidato frustrado como gobernador en funciones, dando órdenes y apareciendo, tranquilazo, sonriente, en cuanto mitin y acto oficial. Para que quede claro cómo están las cosas, anunció que va a llevar a juicio político a los dirigentes del INE, por tronarle la candidatura.

Hay Toro, sí, por interpósita persona, la Evelyn. Lo aplauden el presidente y todo su equipo, incluida una feminista de vieja guardia como Claudia Sheinbaum y el líder de Morena, Mario Delgado. Porque, como todos sabemos, no solo hay un toro: hay, como podemos ver, un rebaño completo.

JP

CUADRO DE HONOR DE LA 4T

NOMBRE: CLAUDIA SHEINBAUM, ALIAS LA PACIFISTA; LA CORCHOLATA

CARGO: JEFA DE GOBIERNO DE LA CDMX DE LUNES A VIERNES, PRECANDIDATA PRESIDENCIAL, VOCERA DE AMLO Y ABANDERADA DE LOS CANDIDATOS DE MORENA LOS FINES DE SEMANA

ANTECEDENTES: La más fiel de las seguidoras del presidente López Obrador; calla y obedece, le aplaude y hasta le sonríe. Ha enfocado su carrera política en lograr la paz del mundo: el día que se anunció el fin de la guerra de Vietnam, Claudia, por entonces de 12 años, se sintió orgullosa de haber contribuido al final de este conflicto, pues había realizado una protesta en su escuela. Se cree la nueva Coatlicue, culpa al pasado de los males de la Ciudad de México y es excelente amiga: ha impedido que Florencia Serranía, su carnala y directora del Metro, cuando ocurrió la tragedia de la Línea 12, comparezca ante la justicia. Le gusta organizar eventos en la capital para romper récords Guinness.

FRASE CÉLEBRE:

«NO ES TIEMPO DE FUTURISMOS NI DE AGENDAS PERSONALES».

LOS AMIGOS DEL GOBERNADOR

FUTBOLISTA AL FIN Y AL CABO, CONSENTIDO DEL PRESIDENTE, EL GOBERNADOR DE MORELOS, CUAUHTÉMOC BLANCO, GAMBETEA PARA ELUDIR A LA FISCALÍA ANTICORRUPCIÓN.

LLORANDO CUAUHTÉMOC DICE: «SOY INOCENTE».

LOS FANS SON LOS FANS.

AG

CUAUHTÉMOC BLANCO GOBIERNA COMO JUEGA FUTBOL... CON LAS PATAS.

Que los fans son los fans y que él no le niega una foto a nadie. Que la gente se arremolina para la *selfie* con la bandera del América. Que no es nuevo: que viene de sus años triunfales como el jugador único que la rompió en las Águilas y la selección nacional, que jugó en España y Estados Unidos, en varios equipos de la primera división y de la segunda. Que cómo, con tanto futbol a sus espaldas, no va a ser solicitadísimo por el pueblo bueno y que, por lo tanto, cómo, probabilísticamente (la palabra no es suya, sobra aclarar), no va a resultar que en una de esas, la de malas, los que te pidieron la foto sean tres connotados miembros del crimen organizado.

Así fue como el gobernador de Morelos, Cuauhtémoc Blanco, explicó la foto que se hizo muy, pero muy pública, en que aparece con Homero Figueroa *la Tripa*, Irving Solano *el Profe* y Raymundo Isidro Castro *el Ray*, en una iglesia de Yautepec. Luego supimos que el azar probablemente no tuvo mucho que ver. La foto, de entrada, apareció en el teléfono de una lideresa de otra organización criminal. Supimos también que fue tomada dos meses después de que el Cuau asumiera como gobernador. Y supimos de uno que otro al que no le había hecho mucha gracia. Porque no tardaron en aparecer mantas del narco exigiéndole al gobernador que no ande haciendo pactos con... el narco. El góber dijo que no: que *fake news*. «Campaña en mi contra. Llegaré hasta las últimas consecuencias, porque bajo mi gobierno la impunidad está erradicada».

Bueno, a la hora de teclear estas líneas, no lo ha hecho. Como sea, el góber, en estricto sentido, tendría que haber llegado hasta las últimas consecuencias más de una vez y explicarnos por qué entonces, en enero de 2015, según documentos del Partido Social Demócrata, firmó un convenio con esta organización para contender por la presidencia municipal de Cuernavaca. Sí: cobró por la candidatura, siete millones. Y nosotros que pensábamos que esa decisión provenía de sus convicciones centroizquierdistas... Ya como alcalde de esa ciudad, vio la amenaza de un juicio político: no cumplía con el requisito de vivir durante cinco años en la plaza. La libró, suponemos que en parte por la huelga de hambre de 36 horas que hizo frente al ayuntamiento, un poco más larga que el ayuno intermitente. Luego vinieron las acusaciones de nepotismo: que tenía a varios familiares en nómina. Una costumbrita, en todo caso, que no ha perdido, según sus críticos. Se la llevó a la gubernatura de Morelos, que asumió como candidato ganador por el Partido Encuentro Social, con los votos de Morena. Al parecer, había terminado su periodo socialdemócrata, el del Olof Palme de la eterna primavera. El PES, formado por cristianos, abraza el antiabortismo y milita con furor contra el matrimonio igualitario.

Ahora bien: las acusaciones de nepotismos son injustas. Los parientes y amigos en la nómina del gobierno de Morelos no son suyos, sino de su medio hermano, Ulises Bravo, que les ha conseguido chamba a su esposa, dos tíos y un primo, aun cuando no tiene un cargo formal en la administración morelense. De todas formas, este pecadillo casi está ya en el olvido. La razón es que la fiscalía anticorrupción de Morelos acaba de acusar a uno de los gobernadores favoritos del presidente de la República de no poca cosa: depósitos semanales de hasta medio millón de pesos en efectivo en un par de cuentas y una tercera, también inexplicable, con un milloncito de dólares, en Estados Unidos. O sí explicable: con empresas fantasma, por ejemplo. Una larga lista de movimientos ilegales que en buena parte, dice la fiscalía, tuvieron lugar cuando era presidente municipal. Además, su antiguo asesor en asuntos de corrupción, nada menos, dice que el entorno del gobernador se ha robado unos mil millones de pesos del erario. Súmenle que, justamente para ser alcalde, falsificó un comprobante de domicilio, como prueba de que claro que vivía en Cuerna. ¿Saben de quién era la casa en la que decía haber vivido durante todo ese tiempo, aunque realmente vivía en Puebla? De un dirigente del PES.

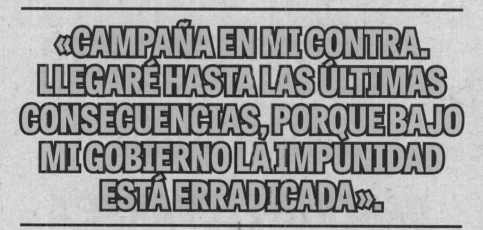

«CAMPAÑA EN MI CONTRA. LLEGARÉ HASTA LAS ÚLTIMAS CONSECUENCIAS, PORQUE BAJO MI GOBIERNO LA IMPUNIDAD ESTÁ ERRADICADA».

Pero el góber, creemos, seguirá en su puesto, para el bien del pueblo de Morelos. El presidente asegura que es víctima de una campaña y el gran Cuau, el 10 histórico, el hijo consentido del barrio bravo de Tepito, ya dijo que finalmente podría afiliarse a Morena, un movimiento que siempre busca a los mejores, y que es además el partido que lo aupó a la gubernatura, aliado con los cristianos. Amor con amor se paga.

Cuauhtémoc Blanco inicia así su faceta de populista de izquierda.

JP

99

TRAIDORES

TODOS LOS
MORENISTAS
BAILAN AL SON QUE
LES TOCA EL JEFE
SUPREMO.

DEBERÍA ELEVARSE A RANGO CONSTITUCIONAL EL DELITO DE TRAICIÓN A LA PATRIA.

QUÉ TIEMPOS AQUELLOS EN LOS QUE TENÍAMOS TRAIDORES DE A DEVIS, DE CALIDAD, QUE NO TEMÍAN IMPONER A UN EMPERADOR AUSTRIACO Y TRAER AL EJÉRCITO FRANCÉS PARA CIVILIZARNOS; QUÉ TIEMPOS AQUELLOS EN LOS QUE LOS TRAIDORES LE PIDIERON AL GENERAL NORTEAMERICANO WINFIELD SCOTT QUE SE QUEDARA A GOBERNARNOS O VICTORIANO HUERTA MANDABA A ASESINAR A MADERO. ¡ESOS SÍ ERAN TRAIDORES, CARAJO!

En cambio, hoy, da pena que Morena le rece a cualquier santo y el dúo dinámico que está al frente del partido, Mario Delgado y Citlalli Hernández —sí, la senadora de a gustada sección «fabrica tu propio atentado»—, quiera usar el término «traición» para justificar sus frustraciones.

Entiendo que Mario, Citlalli y todos los morenistas bailan al son que les toca el jefe supremo. Entiendo también que el presidente estaba irascible luego de que en el Congreso lo mandaron a volar con todo y su reforma eléctrica, y que por eso acusara a los diputados de la oposición de haber cometido un acto de traición a México por ser «francos defensores de empresas extranjeras». Sí, de esas empresas que según sus propias palabras se «dedican a medrar y a robar». Sí, de esas empresas que hacen enojar a Layda Sansores al grado de exclamar con toda educación: «Los que trabajan para los iberdrolas trabajan para su chingada madre..., os traidores no tienen cabida en Campeche».

Lástima que Mario y Citlalli no tuvieran buena comunicación con el presidente, porque de otro modo le habrían dicho: «Oiga, amado líder, si las empresas extranjeras nos roban, nos explotan y abusan de nosotros, ¿por qué no aplicamos la ley y las metemos en orden?».

Pero sus múltiples ocupaciones no les permiten pensar con claridad y prefirieron asumir la bandera de que «la oposición cometió una traición», afirmación que vende mucho más entre el pueblo bueno que aceptar su derrota legislativa y lamerse las heridas en lo privado.

Aquella noche del 17 de abril de 2022, luego del rechazo a la reforma eléctrica, Mario y Citlalli juraron exponer ante el tribunal de la historia y frente a la ciudadanía a esos legisladores miserables, entreguistas y traidores que se atrevieron a rechazar la reforma de nuestro presidente, en los términos que marca la ley, en pleno uso de su libertad como diputados y de acuerdo con lo establecido por la Constitución.

Pero la 4T tenía razón: debería elevarse a rango constitucional el delito de traición a la patria para todas las mexicanas y los mexicanos que no estén de acuerdo con nuestro amado líder.

Al grito de «Hay mucho pueblo para tan pocos traidores», lanzado por Mario Delgado como si fuera la versión posmoderna del cura Hidalgo, se descosió toda la 4T. La diputada del PT, Margarita García García, se expresó con sutileza y mesura sobre los diputados de oposición: «Son unos hipócritas, traidores, judas, vendepatrias y mal educados». Por suerte no propuso que los fusilaran, solo dijo que merecían ser crucificados.

Llovieron los insultos, las descalificaciones, las amenazas contra los 223 diputados que votaron en contra de la reforma eléctrica; pero las palmas se las llevó nuevamente Mario Delgado, quien junto con la senadora Citlalli ideó un supere-

«HAY MUCHO PUEBLO PARA TAN POCOS TRAIDORES».

vento popular y divertido, con música, bailongo y linchamiento incluido: el Festival por la Soberanía Nacional, en el que el diputado Ignacio Mier Velazco, coordinador de los diputados de Morena, agradeció a la dirigencia del partido «colocar un paredón pacífico para que los mexicanos, con sus plumas, con sus lápices, los fusilaran por traidores de manera pacífica».

TRAICIONOLA, SAQUEOLA Y ROBOLA.

Lo curioso es que, durante el Festival de la Soberanía Nacional, muchas personas recordaron que en 1998 el diputado Mier Velazco, por entonces priista de hueso colorado, votó a favor de la creación del Fobaproa para rescatar a los bancos con recursos públicos, fondo que 23 años después seguimos pagando los mexicanos.

«Deja aquí tu mensaje para las y los traidores a México», decía el incluyente paredón para el fusilamiento pacífico de los opositores que montó Morena y en el que, durante horas, la gente escribió sus buenos deseos y pensamientos positivos.

Mario Delgado parecía estar en sus XV años; se le veía radiante, feliz; era el alma de la fiesta, hasta que alguien le recordó lo que unos días antes escribió John Ackerman: «Si Morena no hubiera perdido más de 50 curules en las elecciones de 2021, ya se hubiera aprobado la reforma eléctrica. El principal culpable por la situación actual es Mario Delgado, quien siempre priorizó a sus amigos impresentables».

A Mario se le salieron los ojos, pero aguantó candela y, como dice que en Morena no guardan odio en sus corazones, se hizo como que la Virgen le hablaba con lo dicho por Ackerman y ordenó que se levantara un paredón para el fusilamiento pacífico de los opositores en cada rincón de la República.

AR

LOS AZTECAS CONTINÚAN SU PEREGRINACIÓN, PERO HACIA LA CONQUISTA DEL ESPACIO.

AL INFINITO Y MÁS ALLÁ

TENDRÍA QUE ESTAR UNO EN LA LUNA PARA NO IMAGINAR EL NOMBRE DEL PRIMER SATÉLITE PUESTO EN ÓRBITA BAJO EL GOBIERNO DEL PRESIDENTE LÓPEZ OBRADOR. NO, NO SE CONFUNDAN, NO ES AMLO-1, TAMPOCO 4T, MUCHO MENOS MORENA O SATÉLITE DEL BIENESTAR.

Es el Aztech-1, ingenioso juego de palabras en inglés que une *Aztec* y *technology* en un solo y original término para rendirle honores a nuestro pasado mexica, tan de moda en la actualidad. Nuestro satélite azteca fue llevado por la cápsula Dragon de Space-X a la Estación Espacial Internacional en los primeros días de diciembre de 2019 y puesto en órbita el 27 de enero de 2020.

Los aztecas que salieron de Aztlán y fundaron una ciudad en el valle de México ahora, en pleno siglo XXI, continúan su peregrinación, pero hacia la conquista del espacio. Y es que desde los primeros meses del sexenio se desató un inusitado interés por viajar al infinito y más allá, y transformar no solo México, sino el universo entero.

Marcelo Ebrard se convirtió en el nuevo Tenoch o «Tecnoch», el caudillo que ha encabezado la peregrinación por América Latina y otras regiones del mundo para sumar países, buscar recursos, adquirir tecnología y llevar un mensaje de buena voluntad sin dejar de mirar a los cielos.

Fue así que en 2020 anunció la creación de la Agencia Espacial Latinoamericana y del Caribe (ALCE) «para llegar muy lejos», como lo dijo con profundo conocimiento del tema espacial y con objetivos muy claros: «El espacio tiene un alto nivel de prioridad en la política exterior de México».

Seguramente, la Secretaría de Relaciones Exteriores creará la Subsecretaría de Asuntos Espaciales y trabajará de la mano con la Agencia Espacial Mexicana, creada en 2010 —durante los oscuros años del neoliberalismo—, pero que nuestro amado líder no desapareció e incluso le otorgó un presupuesto de más de 70 millones de pesos, de los cuales la mitad se esfuma a velocidad luz entre salarios, la administración y su operación.

En diciembre de 2021, Marcelo Ebrard anunció un paso más en nuestra carrera espacial: el presidente López Obrador aceptó la invitación de la NASA para que México se sumara al proyecto Artemisa, que tiene como fin para los próximos años llevar a la Luna a un hombre y una mujer. Nuestro Tenoch espacial se emocionó y al dar a conocer la noticia expresó: «Hace cincuenta años éramos espectadores, ahora vamos a ser participantes, es un gran paso para México». Básicamente fue lo mismo que dijeron las otras 13 naciones invitadas a participar.

Muchos viajes al espacio, mucha agencia espacial, mucho infinito y más allá, pero no cabe duda de que nuestro amado líder tiene los pies bien puestos sobre la Tierra. Durante la mañanera del 22 de mayo de 2020 le preguntaron su opinión acerca de un monitoreo que la NASA presentó sobre la contaminación que provocan las refinerías mexicanas actuales y la que está por «estrenarse». Su respuesta fue un dechado de conocimiento espacial: «¿Y por qué en la NASA no dijeron nada antes, cuando Calderón o Peña Nieto? Seguro estaban en la luna».

AR

EL VIAJE MÁGICO DE DON GARNACHO

¿JUBILACIÓN? ¡DE NINGUNA MANERA! AL PRESIDENTE LE ESPERA UNA CARRERA TRIUNFAL EN LA TELEVISIÓN.

UNOS FRIJOLITOS CON VENENO...

La cámara transita de un altero de tortillas a un comal con carnes crepitantes que chapotean en adobo, a un plato de plástico con un papel y medio limón, a una mano de uñas largas que empuña, gozosa, el taco, servilleta de papel al cuello...

Se preguntarán a qué se debe una escena como esa en un libro como este. Bien: a que, dicho con toda humildad, tenemos una idea brillante para el futuro de nuestro presidente. Primero, una obviedad: no es fácil dejar el cargo. ¿Se imaginan lo que significa prescindir de tanto poder, tanta capacidad de decisión, tanta obsecuencia a tu alrededor, para refundirte en tu casa? Es devastador. Así, una vez repuesto del cansancio de un sexenio de decisiones cruciales y batallas con la oposición, tienes que decidir a qué dedicarte el resto de tus días. Y nuestro presidente, me temo, no la tiene fácil. Todos los mandatarios de países con cierta relevancia encuentran una entusiasmante perspectiva profesional luego de acumular experiencia en un puesto tan importante. Puedes asesorar a grandes compañías y premios de Fórmula Uno, puedes crear empresas consultoras que cobren fortunas, puedes dar conferencias muy bien pagadas en diversos países, puedes entrar a una de las universidades de la Ivy League. A nuestro presidente, nos tememos, esos destinos le están vetados, dada su fobia a la educación de élite, a la iniciativa privada, a viajar al extranjero y a cualquier idioma distinto al español. Vaya, que no es fácil imaginarlo en, digamos, Tesla, Harvard o el Gran Premio de Mónaco. El futuro, pues, parece lleno de nubarrones. Pero no disparemos las alarmas. Como adelantamos, hemos dado con una solución conveniente para todos. Un ganar-ganar. La solución es la TV.

Al presidente se le dan dos cosas: hablar frente a la cámara y comer garnachas. De hecho, lo más positivo de su sexenio, con nueve millones más de pobres, récords de asesinatos y 16 nuevos millones de personas sin acceso a la salud, es el hecho de que gracias a él entendimos la grandeza de la barbacoa, la tlayuda, el puchero tabasqueño, las gorditas, la cecina de Cuatro Vientos y, claro, las doraditas del Aeropuerto Felipe Ángeles, con esa corona de nopales. ¿Y si reunimos esas dos fortalezas, hablar y comer, en un proyecto? La idea es una serie de televisión semanal, muy de la televisión antigua, basado en la gracia natural del Supremo, y sobre todo en su buen diente. El programa podría llamarse, digamos, *El viaje mágico de don Garnacho*. La idea es sencilla, aunque cara. Sencilla porque, en esencia, de lo que se trata es de que en cada episodio el expresidente nos lleve a conocer alguna forma de la fritanga. Así, la cámara acompaña a don Garnacho rumbo a un puesto de tianguis o una mesa a la orilla de la carretera, donde dice: «Hola, sobrinas y sobrinos. Hoy, su tío los llevará a conocer la moronga». Y ¡bum!: nos enfrentamos al espectáculo deleitante de ver a un expresidente con un taco bien cargado de salsa y sangre cuajada, mientras platica con el propietario. Y como decimos moronga, podemos decir cueritos, nenepil, mixiote o manitas de puerco.

Si aseguramos que es caro es porque, más allá de los costos habituales de producción, y por supuesto del precio de viajar con todo el *staff*, hay que considerar varios cambios de guayabera por aquello de los lamparones, y un cardiólogo de planta que acompañe a don Garnacho en todos sus desplazamientos. Pero, caray: no hay dinero mejor invertido.

JP

LOS VIDEOJUEGOS SON MALIGNOS.

¡QUE VIVA CHABELO!

EL PRESIDENTE LÓPEZ OBRADOR LES DECLARÓ LA GUERRA A LOS VIDEOJUEGOS.

El presidente no se equivoca: el origen de la delincuencia, de los levantamientos, de las desapariciones, de los ajustes de cuentas, de los descuartizados, de las extorsiones son el Nintendo y otras consolas, aunque, ternurita, le llama «Nintendo» a todas. Le faltó barrio.

Nuestros instintos más primitivos florecen cuando tienes un control de videojuego entre tus manos y debes dejar apretado el botón A y al mismo tiempo apretar el B tres veces consecutivas y luego dos veces más el C para que te salga un truco mamalón, pero como nunca lograste sincronizar todos los movimientos, viene la frustración y surge el instinto asesino. De ahí al crimen organizado hay solo un paso.

¿Quién no tenía ganas de matar a Donkey Kong, que nos arrojaba un barril tras otro, sin darnos cuartel, para impedirnos guiar a Mario a rescatar a la princesa Peach? ¿Quién no maldecía a su rival en Mario Kart cuando usaba todos los trucos para ganarnos? ¿Quién no abrigaba el deseo de exterminar a esa raza maldita, la alianza teocrática de alienígenas conocida como Covenant, en Halo?

Sí, los videojuegos son malignos. Siempre han sido instrumentos del diablo, del ocio, de la perdición. No cabe duda de que, como supone nuestro presidente —siempre con conocimiento de causa—, antes de pasar a engrosar las filas del crimen organizado y de los cárteles de la droga, miles de jóvenes practicaron horas y horas cómo robar un auto, cómo perpetrar un asalto, cómo disparar un arma o cómo comprar y vender droga en Grand Theft Auto.

¡LA TECNOLOGÍA LOS HIZO DESCUARTIZADORES!

El gran problema para toda una generación de jóvenes delincuentes fue que el gatillo de un cuerno de chivo no traía la letra X ni era azul como en el Xbox, o no tenía un cuadrado rosa como en el PlayStation, o las letras Y o B como los botones con los cuales podías disparar en el Super Nintendo, así que les costó mucho trabajo volverse sicarios.

El presidente López Obrador les declaró la guerra a los videojuegos en diciembre de 2021, seguramente para evitar que los padres de familia, aprovechando la temporada navideña de regalos, siguieran llevando por el camino de la delincuencia a sus hijos. Y no cabe duda de que también comenzó su cruzada porque su hijo menor se la pasaba echado horas y horas frente a la televisión, jugando en línea Minecraft y otros juegos que le deben resultar incomprensibles.

Por eso, al grito de «Abrazos, no balazos» para los narcotraficantes y que se prohíban los videojuegos a los niños, su gobierno se propuso demostrar con «otros datos» que los juegos de Nintendo hacen apología de la violencia y promueven el individualismo y el mercantilismo vil, porque los niños reciben puntos y pueden comprar y vender cosas. Asquerosos aspiracionistas que se han rendido al materialismo.

Nuestro amado líder está comprometido con la lucha contra la violencia y la inseguridad, pero atendiendo a las causas, aunque nos lleve cien años. Sabe, en su infinita sabiduría, que todo tiempo pasado fue mejor; por eso, en una de esas mañaneras, luego de darles un llegue a Mario Bros y compañía, recordó un clásico de la industria del entretenimiento, cuando la violencia era casi un mito.

«Estaba viendo ayer una foto que me gustó mucho, en la que Carmen Salinas va manejando una moto y lleva detrás a Chabelo, que ya también es una institución. Miren qué diferencia, nuestros hijos se levantaban a ver a Chabelo; ahora lo digo de manera respetuosa, esos juegos de Nintendo son pura violencia, sus contenidos son tóxicos, nocivos y violentos. Por eso, ¡que viva Chabelo!».

AR

109

BAJO LA MIRADA DEL SANTO Y BLUE DEMON

LOS GRANDES ÍDOLOS DE LA CULTURA POPULAR NOS OBSERVAN. ¿DESDE LA ETERNIDAD? NO: DESDE EL BAÑO DEL AEROPUERTO.

SI *HAY COSAS QUE EXIGEN SOLEDAD*, ESAS COSAS DECIDIDAMENTE NO PUEDEN HACERSE BAJO LA MIRADA DE UNA *LEYENDA DE LA LUCHA.*

Tienes hambre, luego de tres horas de carretera y tres mil pesos de Uber. No hay problema: como es sabido, a la entrada del Felipe Ángeles está la señora de las doraditas. Pides una, con todo, y te la comes con alguna prisa, mientras piensas si fue buena idea comer algo con nopales encima que lleva quién sabe cuánto tiempo asoleándose bajo el cielo mexiquense. La respuesta no tarda: el retortijón llega cuando te formas para documentar. Nada grave. La única persona en la fila es un diputado de Morena que le explica a alguien en el teléfono que él también prefiere el Benito Juárez, pero que si se enteran en Palacio Nacional se va armar.

Como la fila de documentación, como el puesto de doraditas, como el local de reclutamiento de la Guardia Nacional, o sea: como todo el aeropuerto, el baño está vacío. Lo agradeces. Hay momentos que demandan soledad. Y entonces sientes esa mirada fija, inescrutable. Es Blue Demon. Mientas madres en silencio. Si hay cosas que exigen soledad, esas cosas decididamente no pueden hacerse bajo la mirada de una leyenda de la lucha. No: dos leyendas. Caes en la cuenta de que en la puerta del wc de enfrente está la máscara del Santo, cuyos ojos parecen seguirte, como los de esos cuadros del Barroco. Espera: ¿también el Rayo de Jalisco? Y ¿ese es el Chavo del Ocho? ¿Chapatín?

Calculas: una hora hasta que salga el vuelo y mejor me meto al baño del avión. Imposible. Garnacha mata estrés, así que te encierras en el compartimento de Scorpio, que es el que sí tiene papel, deseando que todo acabe pronto. Pero no. Algo te observa desde el techo. Es Juan Escutia, que cae en defensa de la patria, con mirada melancólica, rumbo a los excusados. Veneno para la concentración, evidentemente.

Terminas como puedes y te precipitas a los lavabos. No hay agua: es uno de los pendientes del AIFA. Haces lo que puedes con la botellita de gel antibacterial que gracias a Dios te puso en la mochila tu esposa, siempre precavida, en tanto calculas cuántas horas se hacen en coche hasta Mérida, para la próxima.

JP

«SABIA VIRTUD DE CONOCER EL TIEMPO»

LOS MEXICANOS SOMOS CASI UN PUEBLO ELEGIDO PORQUE, DE ACUERDO CON NUESTRO PRESIDENTE, POQUITO DESPUÉS DE LA CREACIÓN DEL UNIVERSO SE FUNDÓ MÉXICO.

Es muy triste volver a ver *Parque Jurásico* y sus secuelas, o a Ringo Starr inventando la música en *El cavernícola* o ver lo que pudo haber sido el primer bikini en la historia de la humanidad modelado por Raquel Welch en *Un millón de años a. C.*, y que en ninguna de estas cintas haya aparecido alguna referencia a que México existe desde hace millones de años, como lo afirmó nuestro presidente López Obrador en su mañanera del 27 de diciembre de 2021.

Ya en 2019 había dicho que México se había fundado hace más de 10 mil años antes de nuestra era, pero como buen científico —sí, como lo calificó John Ackerman—, en su gustado papel del «maestro de los otros datos», hizo sus cuentas alegres y le agregó varios ceros: «¿Por qué pensar que México comenzó a la llegada de los europeos, si eso apenas significó 500 años y México se fundó de cinco a 10 mil millones de años antes de la era cristiana?».

Con su afirmación echó por tierra todos los estudios científicos habidos y por haber que establecen que el universo tiene alrededor de 15 mil millones de años de existencia, nuestro sistema solar tiene 5 mil millones de años y el planeta Tierra tiene aproximadamente 4 500 millones de años.

Los mexicanos somos casi un pueblo elegido porque, de acuerdo con nuestro presidente, poquito después de la creación del universo se fundó México. Luego aparecieron los primeros organismos vivos, la vida en el agua, los dinosaurios, cayó el meteorito, siguieron los mamíferos, aparecieron los neandertales, los cromañones —muchos de los cuales sobrevivieron, como Fernández Noroña— y, más o menos hace 300 mil años, apareció el *Homo sapiens sapiens* —el humano moderno—, que llegó a América hace 40 mil años aproximadamente. Pero todo eso qué importa si ya había mexicanos en el universo.

Los aguafiestas de siempre —antropólogos, arqueólogos e historiadores— tienen su propia versión distorsionada de los hechos. Estos especialistas que han dedicado su vida a la investigación se atreven a cuestionar a nuestro gran tlatoani y dicen que apenas hace 35 mil años hubo presencia humana en el actual territorio mexicano, pero como eran nómadas dejaron pasar otros 30 mil años antes de echar raíces.

Cansados de tanto peregrinar, entre el año 5000 y el 2500 antes de nuestra era domesticaron el maíz, la calabaza, otras plantas y algunos animales; se hicieron sedentarios, se organizaron socialmente y por ahí del año 2500, también antes de nuestra era, surgieron los olmecas, la madre de las culturas —como dicen los libros de la SEP—, y de ahí hasta los mexicas, que concluyeron su historia en 1521 con la invasión española. Otros historiadores van más lejos: dicen que México nació en 1821, cuando se consumó la independencia, y háganle como quieran.

Millones de años de más o de menos, poco importa. Lo fundamental, dice nuestro gobernante, es que en la milenaria cultura mexicana está nuestra fortaleza para hacerle frente a todo tipo de calamidades, epidemias, temblores, inundaciones, hambrunas e incluso corrupción y malos gobiernos, y por eso siempre salimos adelante.

Recién comenzada la pandemia de covid, los «especialistas del gabinete de salud» —así les llamó— confirmaron que «por un tema de genética, la raza mexicana tiene mayor resistencia a este tipo de virus que otras razas como la europea», y argumentaron que tiene que ver con el genoma mexicano y con el mestizaje, por lo que se esperaría que eso influyera en el impacto que tendría el nuevo coronavirus entre la población mexicana.

Setecientos mil muertos después, a mediados de agosto de 2022, quedó demostrado que la «raza mexicana» no existe, que no somos especiales y que, así lleváramos 10 millones, 10 mil o 200 años de existencia, los mexicanos también nos morimos por las idioteces de nuestros gobernantes.

AR

NO LO DETIENE NADA NI NADIE.

LORD GERARDO FERNÁNDEZ NOROÑA: YANQUIS SÍ, RUSIA NO

EL CAMARADA GERARDO FERNÁNDEZ NOROÑA, HOMBRE DE IZQUIERDA Y ACTIVISTA INDESTRUCTIBLE, ENCONTRÓ POR FIN AL ENEMIGO QUE NO PUEDE DERROTAR: UNA VISA.

¡SIN MIEDO! CUANDO UNA TUITERA DIJO QUE ESTABA A PUNTO DE QUITARSE LA ROPA, EL DIPUTADO CONTESTÓ: «MANDAS FOTOS».

No lo detienen los cubrebocas, a los que llama «mordaza». Fue por eso que los consejeros del Instituto Nacional Electoral lo dejaron solo en el salón cuando se negó a usarlo. Tiene sus razones: «Respeten mi derecho a contagiarme. Respeten mi derecho a tener la pinche enfermedad», dijo alguna vez. Tampoco lo detienen sus contrincantes en la Cámara de Diputados, como dejó claro cuando, sin andarse por las ramas, le pintó dedo, literalmente, a Sarahí Gómez, del Partido Acción Nacional. Claro que puede hacer más que eso: a Jorge Triana, también diputado panista, le dijo, según cuenta este: «Chingas a tu puta madre. Si me vuelves a injuriar, te voy a romper la madre», todo porque Triana le dijo antes «Changoleón legislativo». Lord Gerardo Fernández Noroña.

El diputado podría decir que ni el Supremo es capaz de frenarlo. Porque hace diez años, en 2012, antes de que el Supremo fuera tan supremo, o sea seis años antes de que fuera presidente, le discutió enérgicamente que le otorgara su perdón nada menos que a Felipe Calderón, un perdón que ya vimos que duró como cinco minutos, pero que no le gustó al compañero Gerardo. No parece que haya ayudado mucho a formar una amistad para toda la vida, porque ostensiblemente, cuando la inauguración del Aeropuerto Internacional Felipe Ángeles, el presidente le negó el saludo.

Tampoco lo detienen #MeToo ni en general las protestas feministas, como lo dejó claro cuando una tuitera dijo que estaba a punto de quitarse la ropa por el calor, y el diputado le contestó «Mandas fotos». Tampoco lo detiene Twitter. Cuando en esa red se hizo público su número de teléfono y varias personas empezaron a mandarle mensajes de WhatsApp para molestarlo, publicó ahí mismo los números de dichas personas. Resultado: cuenta bloqueada por difundir datos personales. Pero el diputado no se amilanó. Al día siguiente, fue a protestar a las oficinas de Twitter en México. Lo que lo sacó momentáneamente de sus convicciones firmes de luchador social, de guerrero contra el clasirracismo. Porque al trabajador de

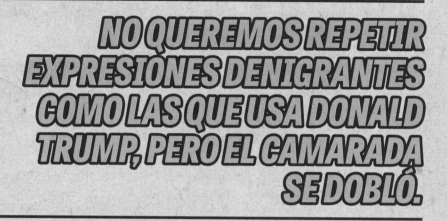

NO QUEREMOS REPETIR EXPRESIONES DENIGRANTES COMO LAS QUE USA DONALD TRUMP, PERO EL CAMARADA SE DOBLÓ.

Twitter que salió a hablar con él le dijo que no se comportara como si fuera el dueño, que no era más que un empleado y que él, Lord Noroña, con empleados no trata.

No, nada detiene a Gerardo Fernández Noroña. Nada, salvo el imperialismo yanqui. En plena masacre de civiles ucranianos por las tropas rusas, un contingente de legisladores, sobra decir que de los de izquierda, decidieron inaugurar un Grupo de Amistad México-Rusia, que como primer acto público invitó a hablar al embajador ruso en nuestro país. No a hablar: a monologar. El embajador defendió la guerra de Putin sin interrupciones. Bien, pues por ahí andaba el compañero Gerardo. En respuesta, un congresista estadounidense, Vicente González, dijo que habría que retirarles la visa a esos diputados. Y el compañero, héroe de mil batallas, defensor del espíritu bolivariano, enemigo de los bancos y los políticos de derecha, por primera vez en su larga vida de lucha sucumbió a los embates del Imperio. Era demasiado: lo hemos visto darse alguna vueltita por Las Vegas, un remanso para quien no para de defender las mejores causas. Así que, visiblemente angustiado, primero pidió ayuda a la Cámara de Diputados. Cuando, incomprensiblemente, los legisladores gringos no dieron muestras de sentirse intimidados por los mexicanos, dijo que no: que él no tenía nada que ver con ese grupo, que nada más pasaba por ahí, curiosote que es uno. «Metiche»: esa fue la expresión que usó. No queremos repetir expresiones denigrantes como las que usa Donald Trump, pero el camarada se dobló. Ni hablar: mejor vivir otro día para seguir luchando.

Salud, camarada Noroña. Que la Ciudad del Pecado lo vuelva a recibir como merece. ¡Yanquis sí, Rusia no!

JP

CUADRO DE HONOR DE LA 4T

NOMBRE: DELFINA GÓMEZ, ALIAS LA DIEZPORCIENTO

CARGO: SECRETARIA DE EDUCACIÓN PÚBLICA ANTINEOLIBERAL Y ANTES RECAUDADORA DE FONDOS ILÍCITOS PARA MORENA. EN UNOS MESES, POSIBLEMENTE, COORDINADORA DE LA DEFENSA DEL VOTO —EL CHISTE SE CUENTA SOLO—, ANTES DE SER CANDIDATA AL GOBIERNO DEL ESTADO DE MÉXICO POR SEGUNDA VEZ

ANTECEDENTES: Se ganó el sobrenombre de la Diezporciento por su increíble capacidad y facilidad para retener ese porcentaje del salario a más de 500 trabajadores de Texcoco cuando fue presidenta municipal, para beneficio de Morena. Aunque es considerada delincuente electoral, todo se le perdona porque ¡la 4T va!, y ella va por la gubernatura del Estado de México. Apoyada por la CNTE como secretaria de Educación, le declaró la guerra al neoliberalismo —¿a quién más?—, prometió luchar contra la burguesía, destruir el sistema capitalista y no reprobar a ningún alumno de primaria y secundaria en los ciclos escolares 2021 y 2022, porque pobrecitos. Desde luego, para Delfina, el futuro de México está en la educación de excelencia y su conocimiento de la geografía nacional es abrumador. Gracias a ella sabemos que Hermosillo y Cananea se encuentran en Jalisco.

FRASE CÉLEBRE:

«VAMOS SUPERREQUETEBIEN», DURANTE SU CAMPAÑA POR LA GUBERNATURA DEL ESTADO DE MÉXICO, QUE PERDIÓ.

«UN TUITAZO BASTARÁ PARA SANARME».

«CALLARON COMO MOMIAS»

¿DÓNDE ESTABAN LOS NEOLIBERALES CUANDO ASESINARON A MADERO?

«Un tuitazo bastará para sanarme», repiten los morenistas y fieles fans del presidente López Obrador cuando a su excelencia se le ocurre tuitear algo en su cuenta. Y es que de ahí surgen sus grandes frases para la posteridad, las que podrán colgarse en letras de oro en el recinto del Congreso, o las que recitarán los niños de las futuras generaciones cuando hagan los honores a la bandera de los lunes.

Uno de esos tuitazos de nuestro presidente fue cuando escribió «Callaron como momias». Su impacto fue tan grande y conmovió a tantos millones de mexicanos que de inmediato Epigmenio Ibarra echó a volar su mente propagandística y se imaginó filmando lo que no solo sería un homenaje a nuestro amado líder, sino al mismo tiempo un homenaje para las películas del Santo, el enmascarado de plata: «AMLO contra las momias que callaron».

«¿Dónde estaban estos fifís cuando cayó Tenochtitlan? ¿Dónde estaban los neoliberales cuando asesinaron a Madero? ¿Dónde estaban los seudoactivistas cuando llegaron Maximiliano y Carlota? ¿Dónde estaban estos aspiracionistas que le rinden culto al dinero cuando le quemaron los pies a Cuauhtémoc?», se preguntaba en voz alta nuestro presidente mientras su vocero lo escuchaba con atención aquella mañana del 20 de abril de 2019.

—Señor presidente, lamento informarle que ninguna persona de esos grupos había nacido entonces —respondió Jesús Ramírez Cuevas, el vocero de la presidencia, con plena seguridad.

—Cierto, Chucho, ya lo sospechaba, pero estoy seguro de que sus ancestros tampoco dijeron nada. Callaron... callaron... ¡Ah, ya sé! Callaron como momias. ¡Eso es! Pérame tantito, se me acaba de ocurrir un tuitazo, deja lo escribo.

El presidente tomó el teléfono en sus manos y se puso a teclear con más ansias que pericia: «Callaron como momias cuando saqueaban y pisoteaban los derechos humanos y ahora gritan como pregoneros que es inconstitucional hacer justicia y desterrar la corrupción. No cabe duda de que la única doctrina de los conservadores es la hipocresía. Son como sepulcros blanqueados».

—¿Qué te parece, Chucho? —preguntó el presidente.

—En verdad es un tuitazo, señor —respondió con emoción el vocero.

—¿Tengo o no tengo razón, Chucho? Me critican por todo, me exigen resultados, me cuestionan, soy el presidente más atacado de la historia, pero ni con Calderón ni con Peña Nieto, ni con ningún otro presidente, dijeron nada. Volteaban para otro lado, se quedaban callados.

«Ahora resulta que los neoliberales, los conservadores, los fifís y los aspiracionistas están comprometidos con las causas sociales y se volvieron activistas; apoyan colectivos que buscan desaparecidos; ahora les preocupan los feminicidios y son feministas; exigen seguridad, son defensores del medio ambiente, de las energías limpias, de los institutos de investigación, defienden la libertad de prensa y se dicen demócratas.

»Pero ¿cuándo alzaron la voz para defender esas mismas causas en otros sexenios? ¿Dónde estaban todos estos seudoactivistas protestando por el asesinato de Colosio, por las muertas de Juárez, por el error de diciembre, por el Fobaproa, por el desafuero en mi contra, por el pacto por México, por la reforma energética, por la militarización del país? Ah no, perdón, eso sí está bien.... ¿Dónde estuvieron cuando el fraude electoral de 1988? Ah no, perdón, ese lo orquestó mi amigo Bartlett... Como sea, hoy nadie les cree, son unos hipócritas».

NO CABE DUDA DE QUE LA ÚNICA DOCTRINA DE LOS CONSERVADORES ES LA HIPOCRESÍA.

—Tiene toda la razón, señor —dijo Jesús Ramírez—, usted ha sido un luchador social siempre. Usted nos mostró el camino. ¿Me permite hacerle una pregunta?

El presidente asintió.

—Entiendo lo de «callaron como momias», pues todo mundo sabe que un cuerpo momificado no puede hablar, pero ¿qué quiere decir con lo de «son como sepulcros blanqueados»?

—Ah, qué buena pregunta, Chucho. Es uno de mis pasajes favoritos del Evangelio de san Mateo, capítulo 23, versículos 13-37, y es perfecto para usarlo con mis adversarios. «¡Ay de ustedes, escribas y fariseos, hipócritas! Porque son como los sepulcros blanqueados, que por fuera se ven hermosos, pero por dentro están llenos de carroña y de toda inmundicia».

—Señor, usted no solo es mi presidente, también es mi pastor, nada me faltará.

AR

120

CUADRO DE HONOR DE LA 4T

NOMBRE: ANTONIO ATTOLINI, ALIAS EL «SÍ, SEÑOR, LO QUE USTED DIGA, SEÑOR», TONTOLINI
CARGO: PORRISTA EN JEFE DE LA 4T, ANIMADOR DE EVENTOS POLÍTICOS. SE VENDE AL MEJOR POSTOR Y VIVE CON SU JEFECITA

ANTECEDENTES: Fue vocero —llamarada de petate— del movimiento #YoSoy132, en el que criticó severamente a Televisa para luego trabajar en Televisa. El mayor adulador del presidente López Obrador, a quien ha comparado con Jesucristo. Su vasta preparación y conocimiento le han permitido citar frases para la posteridad como «El norte nunca olvida», de la serie *Game of Thrones*, durante la campaña electoral en Coahuila.

FRASE CÉLEBRE:

«EL PRESIDENTE ME HA MIRADO A LOS OJOS Y LE HE AGRADECIDO POR TODA SU LUCHA».

ECONOMÍA POPULAR I: EL TRAPICHE

NO ES DIFÍCIL ENTENDER LA ECONOMÍA POPULAR. NO, NO HACE FALTA COMPRAR EL LIBRO DEL PRESIDENTE. BASTA UN VIDEO.

¿CÓMO SE LLAMA EL *TRONCO TORCIDO QUE DA VUELTAS*, NIÑOS? A VER, ¡OIGAN A YAZMÍN, QUE LEVANTÓ LA MANO!

TRAPICHE, MAESTRA.

¡MUY BIEN! ¡TRAPICHE! ¿Y QUIÉN JALA EL TRAPICHE? NO, NO ES GILBERTO, CHRISTIAN. FÍJENSE BIEN. ¡ESO! EL QUE JALA EL TRAPICHE ES EL CABALLITO FLACO, QUE ES DE GILBERTO... ¿NO VEN QUE EL PRESIDENTE DIJO QUE EL CABALLITO TRABAJA MÁS QUE SU DUEÑO? ¿Y QUÉ PASA CUANDO EL CABALLO DA VUELTAS? *¿POR QUÉ EL PRESIDENTE SE PONE TAN CONTENTO?* PORQUE PUEDE SABOREARSE...

NO, NO ES UNA TLAYUDA. FÍJENSE BIEN. NO, TAMPOCO ES UN KILO DE BARBACOA, YIBRÁN. *¡DE VERAS, CHAMACOS!* ¿QUÉ TIENE EN LA MANO EL PRESIDENTE? SÍ, UN VASO. ¿UN VASO DE QUÉ? DE PLÁSTICO, SÍ, PERO ¿QUÉ TIENE DENTRO? ¡JUGO DE CAÑA! BIEN, PEPE. MUY BIEN. AL PRESIDENTE LE ENCANTA EL *JUGO DE CAÑA*. Y ¿SABEN POR QUÉ LE ENCANTA? SÍ, PORQUE ES MUY RICO Y PORQUE ES NATURAL, NO COMO LAS *PORQUERÍAS DE REFRESCOS* EMBOTELLADOS QUE VENDE EL IMPERIALISMO YANQUI. POR ESO LOS COMPAÑEROS DE LA SECCIÓN 22 BLOQUEAN LAS CARRETERAS, NIÑOS. PARA QUE ESE VENENO NO LLEGUE AL PUEBLO DE MÉXICO. PERO LES PREGUNTABA POR QUÉ AL PRESIDENTE LE GUSTA TANTO EL JUGO DE CAÑA. BUENO, ES PORQUE GILBERTO LO VENDE. ¿EN CUÁNTO LO VENDE, NIÑOS? ¿SE FIJARON?

DIEZ PESOS, MAESTRA.

MUY BIEN, JANET. DIEZ PESOS POR VASO. Y AL VENDERLO LOGRA QUE ESTE PAÍS LLEGUE A SER TODO LO QUE SOÑÓ NUESTRO PRESIDENTE. UN PAÍS MEJOR; MÁS JUSTO. A ESTO SE LE LLAMA «ECONOMÍA POPULAR». CON ESTO TERMINAMOS LA CLASE DE HOY, NIÑOS. NOS VEMOS EN TRES SEMANAS, CUANDO TERMINE EL PARO DE LABORES. ANTES, QUIERO OÍRLOS A TODOS: *«¡ES UN HONOR, ESTAR CON OBRADOR! ¡ES UN HONOR...!»*.

JP

123

DE LA ADULACIÓN CONSIDERADA COMO UNA DE LAS BELLAS ARTES

ES CONMOVEDOR: NUNCA HABÍAMOS VISTO TANTO ENTUSIASMO POR ALABAR A UN PRESIDENTE. QUEDAN INMORTALIZADOS AQUÍ ALGUNOS DE LOS MOMENTOS ESTELARES DEL GRAN TORNEO DE LOS QUEDABIÉN.

SE REVELÓ COMO UN PERSONAJE MÍSTICO, UN CRUZADO, UN ILUMINADO.

TODAS Y TODOS, EN LA 4T, PUGNAN POR ENDULZARLE EL OÍDO AL LÍDER SUPREMO.

No hay un campo de actividad más competido en este nueva era que el de elogiar al presidente. Nadie quiere quedarse atrás, y así, como si se tratara de una competencia entre desarrolladores japoneses de alta tecnología o fabricantes alemanes de coches, todas y todos —senadoras y diputados, secretarios de Estado, gobernadores, comunicólogas con ganas de multiplicarse en las nóminas, servidores públicos que no han trepado lo suficiente en el escalafón— intentan cada día, en redes, en comparecencias públicas y en entrevistas con medios, superar sus logros, pero, sobre todo, los de sus competidores. A la 4T se le puede reprochar muchas cosas, pero no regatearle que con ella el ejercicio de la adulación ha alcanzado la categoría de bella arte.

Supimos que las cosas iban a ponerse muy reñidas y desde el principio del sexenio, cuando el entonces presidente de la Cámara de Diputados, Porfirio Muñoz Ledo, usó sus redes sociales para dar arranque a la competencia: «Desde la más intensa cercanía confirmé ayer que Andrés Manuel @lopezobrador_ ha tenido una transfiguración: se mostró con una convicción profunda, más allá del poder y la gloria. Se reveló como un personaje místico, un cruzado, un iluminado». Estaba difícil matarle esa mano al tribuno, hoy enfrentado al presidente y lejos de cualquier cargo en el movimiento de transformación, pero otra figura del morenismo hoy defenestrada, Irma Eréndira Sandoval, entonces secretaria de la Función Pública, hizo del Caudillo de Tepetitán un nuevo Luis XIV (bueno, si Luis XIV realmente hubiera dicho lo que dicen que dijo): «AMLO, el presidente, es el Estado», sentenció mucho antes de que la corrieran.

¿Pensábamos que con esos golpes de impudor, esa característica de los verdaderos revolucionarios, se arredraría la competencia? De ninguna manera. Desde entonces, día con día, todas y todos, en la 4T, pugnan por endulzarle el oído al Líder Supremo. Están, desde luego, los más explícitamente devotos: Antonio Attolini, por ejemplo, se apuntó también a la vía mesiánica: «AMLO, por su sacrificio, podría parecerse a Jesucristo». Lo que pasa es que uno de veras no puede dormirse, porque lo rebasan por el acotamiento. Así fue que Adán Augusto López, secretario de Gobernación y —hecho infinitamente más significativo— tabasqueño, respondió a la pregunta de si se apuntaba ya como «corcholata», o sea, como precandidato a la presidencia, con un «los tiempos del señor son perfectos», en un coqueto juego destinado a equiparar al presidente no ya con el Hijo, sino con el Padre. En otro lugar de este libro (página 184) hicimos una apretada síntesis de los piropos del padre (con minúscula) Solalinde, que no tiene empacho en envestir al presidente de santidad, pero hay más. No desde la religiosidad abierta, sino desde la admiración militante, está por supuesto el caso de Hugo López-Gatell, con aquello que dijo en pleno pico de contagios de que el presidente es una fuerza moral, no de contagio (vayan a la página 86). Claro que si de enfrentar la pandemia se trata, ahí tenemos a John Ackerman, formador de los cuadros jóvenes del morenismo, que se decidió a hacerle la competencia a su esposa, la camarada Irma Eréndira, y dijo que el científico que nos iba a salvar del bicho, el que realmente le dictaba las directrices anticovid a la Secretaría de Salud, era Andrés Manuel López Obrador. «AMLO es el científico, por supuesto que sí. A ver: el secretario y el subsecretario de Salud están siguiendo instrucciones del presidente de la República. Por supuesto que es un científico», así dijo. Fue hace un tiempo ya. Hace como 850 mil muertos, más o menos.

«Es que la política es sucia», dirán. «El arte de tragar sapos». Pues sí, pero lo de los políticos puede palidecer ante, digamos,

«LOS TIEMPOS DEL SEÑOR SON PERFECTOS».

lo de los caricaturistas. Ahí tienen a El Fisgón. ¿Qué perlas ha puesto ante nuestros ojos don Rafael Barajas? Difícil elegir, pero va esta: «Con Andrés Manuel me pasa con mucha frecuencia que no estoy de acuerdo con cosas que dice. Pero ahora, mi reflejo es preguntarme: "¿Qué es lo que no estoy entendiendo?". Y sí, me doy cuenta de que con mucha frecuencia, a la larga, él tiene razón, y esto lo ves a la larga».

> EN ATLACOMULCO, EN LA CUNA MISMA DEL PRIISMO ULTRAMONTANO, APARECIÓ UNA ESTATUA DE NUESTRO PRESIDENTE.

El espacio es escaso y no podremos hacer justicia con todos los bienquerientes de nuestro líder, pero no podemos cerrar esta sección sin recordar las aportaciones de politólogos, periodistas y panelistas. Específicamente, las de los más jóvenes. Como esta: «Yo creo que Andrés Manuel es un genio de la economía», aportación de Estefania Veloz a un país que en 2020 vio caer el crecimiento a un menos ocho y pico.

Sobre todo, es necesario recordar que «hechos son amores». En Atlacomulco, en la calle Isidro Fabela, frente a la terminal de autobuses, o sea, en la cuna misma del priismo ultramontano, apareció el 29 de diciembre de 2021 una estatua de nuestro presidente, inaugurada por el alcalde Roberto Téllez, de Morena, que quiso inmortalizarlo en piedra. Lamentamos decir que fue una inmortalidad muy acotada. El 1º de enero de 2022, apareció en el piso, decapitada y sin piernas. Pero el esfuerzo ahí quedó.

Tenemos que decirlo: hay algo triste en esos intentos por hacer sonreír a nuestro líder. Son conmovedores, por supuesto. Entrañables. Reflejo del amor del pueblo. Pero están condenados a ser insuficientes. Y es que la persona que más admira a nuestro líder, y la que más ha invertido en llenarlo de homenajes, es nuestro líder mismo. La inversión, propiamente, cubre la totalidad del sexenio, un gigantesco autohomenaje.

JP

127

DEPARTAMENTO REPUBLICANO

¿POR QUÉ NO TE GUSTA LOS PINOS?

ES QUE LA NAVIDAD ME DEPRIME.

AG

—Mire, le quiero enseñar algo —dijo el presidente Enrique Peña Nieto mientras metía la llave en la cerradura. Abrió la puerta y extendió su brazo mostrando el interior—: Este es el departamento que le comenté, Andrés Manuel. Son apenas 300 metros cuadrados, nada del otro mundo, pero se lo dejo bara.

—¿Cómo que me lo deja bara, Enrique? Si es de la nación —respondió López Obrador, por entonces presidente electo.

—Ah, sí, tiene razón, usted perdone, es la fuerza de la costumbre. Es todo suyo. Lo único que quiero advertirle es que aquí espantan, y no me refiero a los espíritus malignos que habitan Palacio Nacional —la mafia del poder, los conservadores y todos esos fantasmas que lo atormentan—; digo que espantan porque este departamento lo mandó a acondicionar ese a quien llama el innombrable.

—¿Salinas? —preguntó López Obrador.

—No, el otro —respondió Peña Nieto.

El paso de Felipe Calderón por Palacio Nacional no le iba a quitar el sueño a nuestro futuro gran tlatoani, y menos cuando estaba a unos meses de tomar posesión de la presidencia.

—No importa, Enrique, me gusta, ya tengo dónde vamos a vivir y antes de mudarnos lo mandaré exorcizar, igual que lo haré con la silla presidencial; ordenaré que lo limpien con todo. Desde 2006 ya tenía intención de vivir en Palacio, como don Benito...

—¿Mussolini? —interrumpió Peña Nieto.

—¡Enrique! Juárez, don Benito Juárez.

No fue broma. Llegado el momento, el presidente pidió que le hicieran una limpia a la silla presidencial por aquello de que estaba embrujada, pues Zapata había dicho que cualquier persona buena que se sentaba en ella se volvía mala, y también que expulsaran a los malos espíritus del departamento. Después de varios meses de trabajo, se lo acondicionaron a su entero gusto.

En un documental que realizó el Steven Spielberg del régimen, Epigmenio Ibarra, nuestro gran tlatoani, acompañado por Beatriz Gutiérrez Müller, habló de cómo se hizo del departamento y ahí, sentado en su comedor, reconoció que antes de mudarse le hicieron una limpia con incienso, por si las moscas.

Con la certeza de que viviría en Palacio Nacional, nuestro jefe supremo le entregó al pueblo bueno la otrora residencia oficial de Los Pinos para su esparcimiento y la abrió para que la gente conociera el lujo con el que vivían los expresidentes, aunque, a decir verdad, no había nada que pudiera indicar que la vida cotidiana en Los Pinos era más opulenta que en Palacio Nacional.

El presidente López Obrador dice que ocupa un departamento modesto, aunque esté dentro de un palacio. Habría que decirle que 300 metros cuadrados no es poca cosa. Cuenta con dos habitaciones, un estudio, cocina, sala y comedor con espacios muy amplios, pero lo más importante, a su juicio, es que se ahorra dos horas diarias, pues antes de ocupar Palacio tenía su domicilio en el sur de la ciudad, en lo que fue el pueblo de Tlalpan.

Ya hubiera querido un departamento así el propio don Benito, que por cierto solo vivió en Palacio año y medio —en el ala norte— y fue a raíz de la muerte de Margarita, su esposa, en enero de 1871, cuando decidió cambiar su domicilio, porque no le gustaba regresar a su casa de la colonia San Rafael a encontrarse con la soledad.

Acondicionar el depa costó cerca de 9 millones de pesos. No podía ser de otra forma: el último presidente que vivió en Palacio fue Manuel González, de 1880 a 1884, así que tuvieron que darle su buena manita de gato a todo el inmueble y meterle fibra óptica. Con todo y departamento, hoy por hoy, nuestro presidente es totalmente palacio.

AR

129

¡MORDIÓ A UNA NIÑA!

CUANDO EL VIRUS AMENAZABA, CUANDO PARECÍAMOS ESTAR EN LAS HORAS MÁS NEGRAS, EL PRESIDENTE SALIÓ A LAS CARRETERAS DE LA PATRIA A HACER LO QUE HACE UN LÍDER ÚNICO: REPARTIR MORDISCOS.

Nuestro presidente no permitió que la pandemia lo privara de los pequeños placeres de la vida. A un gran dirigente, a uno de los grandes concentrados de testosterona del mundo, no lo detiene un miserable virus. Así que, como sabemos, no se puso el cubrebocas y lo mismo siguió con sus viajes por el país, que le pegó a la garnacha en cuanto puesto y cuanta fonda encontraba, que le siguió a lo de las conferencias mañaneras se contagie quien se contagie, que se grabó echando el beis, que siguió con las inauguraciones militares.

Hizo eso y luego nos descubrió otra de sus aficiones, derivada de ese rasgo de personalidad que tan bien había ocultado: la ternura. Tampoco lo detuvo nada: ni el covid, con las exigencias de sana distancia y cubrebocas, ni todo lo que dicen los expertos, hoy, sobre respetar el espacio de los niños y particularmente de las niñas. A otro con esos cuentos neoliberales. La pandemia apenas empezaba, en aquel marzo de 2020, y México no contaba aún muertos en los reportes oficiales, pero los contagios estaban en el rango de los 80 mil, siempre según las matemáticas oficiales, mientras que en el mundo se insistía en la importancia de evitar el contacto con otras personas. Lo que pasa es que como México no hay dos. Aquí somos cariñosotes, apapachadores. Así, el presidente, mexicano entre mexicanos, llegó a Ometepec, en Guerrero, repartió besos, abrazos, *selfies*, apretones de manos y, en plena efervescencia, vio a una niña muy pequeña, una niña de 4 años. No dudó. Frente a las cámaras, la abrazó con fuerza y le prendió un mordisco en la mejilla, no como los que suele asestarle a las gorditas y las tlayudas, pero sin duda muy enjundioso, muy cargado de emoción. Nacía el Señor de los Mordiscos.

ERA EVIDENTE QUE LA NIÑA *INTENTABA ESCAPAR* COMO SE TRATA DE *HUIR DE UNA BOA.*

Las redes sociales se le fueron encima. «Casi le arranca el cachete», dijo alguien, lo que tal vez invalide nuestra afirmación sobre las tlayudas y las gorditas. Que era evidente que la niña intentaba escapar como se trata de huir de una boa, dijeron muchos, no con esas palabras, aunque sin duda con esa intención. Pero olvidaron una de las posibilidades más inquietantes que abre ese momento. Sabemos que a nuestro presidente lo sigue, lo emula, lo homenajea su entorno con verdadero abandono. Lo que nos lleva a este escenario hipotético, pero no improbable: ¿y si le da por repartir tarascadas en las giras a, digamos, Gerardo Fernández Noroña, Mario Delgado o Citlalli Hernández?

Con los niños, no.

JP

131

Este libro
está patrocinado por

CHOCOLATES CHÍO

TABASCO

El dulce sabor de la
austeridad

Este producto no contiene sellos ni leyendas

Ventiladores
Ehécatl

Disponibles desde enero de 2026

Tus pulmones se inflarán como un globo

¿Quieres regresar
a la oficina?

IVERMECTINA

¡Qué buena medicina!

Disponible en los Tianguis del Bienestar
No requiere receta médica

Guitarra fácil

Aprende a interpretar
a Silvio Rodríguez en
cuatro lecciones con
Beatriz Gutiérrez Müller

TLAYUDAS
No voy en tren, voy en avión

El sabor de Oaxaca en el AIFA

ME CANSO GANSO LABORATORIOS

Herbolaria, homeopatía y remedios caseros hasta tu hogar

Cubrebocas
D💀CTOR MUERTE

Únicos que sirven para lo que sirven
y no sirven para lo que no sirven

Jardín de niños

Yo no vacuno a mis nietos

Educación con Bienestar

Inscripciones abiertas

GESTORÍA
UY, QUÉ MIEDO
GARANTIZAMOS TU VISA NORTEAMERICANA
O HACERTE INDOCUMENTADO

SALÓN DE FIESTAS
Avión
Presidencial

EL LÍMITE
DE TU *fiesta*
ES EL *cielo*

Paredones Morena

Para fusilar a tus adversarios…
pacíficamente

CUADRO DE HONOR DE LA 4T

NOMBRE: ARTURO ZALDÍVAR, ALIAS EL MINISTRO AMIGO

CARGO: PRESIDENTE DE LA SUPREMA CORTE DE JUSTICIA DE LA NACIÓN Y AMIGO FIEL DEL JEFE MÁXIMO

ANTECEDENTES: Es la cabeza del Poder Judicial de la Federación, pero, como valora más la amistad, prefiere violar la ley o ignorarla que no cumplirle algún capricho a su amigo de Palacio Nacional. Con el apoyo del presidente —y violando la Constitución— intentó extender su periodo como presidente de la SCJN, pero se le cebó. Reunió el valor suficiente para acusar al expresidente Calderón —como todo buen simpatizante de la 4T— de haberlo presionado hace 13 años —sí, 13 años, en 2009— para proteger a la familia de su esposa y a importantes funcionarios de su gobierno. Bajo el grito de «¡Con los niños no!», defendió con vehemencia al hijo del presidente, pero no movió un dedo por los niños con cáncer.

FRASE CÉLEBRE:

«SOLO RESPONDO A LA CONSTITUCIÓN DE MI CONCIENCIA».

«ABRAZOS, NO BALAZOS».

SOLDADOS DEL AMOR

«NO A LA MILITARIZACIÓN DEL PAÍS».

Qué bonito es escuchar al gobierno de la 4T cantar «Soldado del amor en esta guerra entre tú y yo / cada noche caigo herido por ganar tu corazón», que se ha convertido en una especie de himno a nuestras fuerzas armadas, pues resume lo que ha predicado el presidente desde que llegó a Palacio Nacional: «Abrazos, no balazos».

Quién lo iba a decir: los militares son, hoy por hoy, los consentidazos de la Cuarta Transformación, los cuatachos del presidente que andan en las calles del país entero haciendo de todo. Pero no siempre fue así. Hasta antes de que llegara a la presidencia, López Obrador y sus amigos estaban en contra de la militarización de México.

La senadora Citlalli Hernández se privaba y arremetía contra «el enano», como le llamaba al expresidente: «Le avisan a Felipe Calderón, por fa, que me purga ver al ejército en las calles», escribió en su cuenta de Twitter en 2012. «El ejército y la marina están para defender la soberanía nacional, no para encargarse de la seguridad pública», expresaron en su cuenta @DiputadosMorena en 2017. Incluso Mario Delgado, que hoy quiere fusilar de «manera pacífica» a la oposición, subió a redes sociales una foto suya con un cartel —no de drogas, sino de cartón— que decía: «No a la militarización del país».

Nuestro presidente también dijo varias veces antes de llegar a la grande que era un despropósito lo que habían hecho Calderón y Peña Nieto, que era perverso usar a las fuerzas armadas para combatir el problema de la inseguridad provocado por los neoliberales, que al ejército había que cuidarlo, y prometió retirarlo de las calles y regresarlo a los cuarteles cuando llegara a la presidencia.

Pero una vez en el poder, y según la lógica de «un soldado en cada hijo te dio», López Obrador se hizo uno con las fuerzas armadas, disfrazó a parte del ejército de Guardia Nacional, aumentó el número de efectivos en labores de seguridad y al más puro estilo de los regímenes militares que gobernaron el país luego de la Revolución —como los de Obregón, Calles o Cárdenas— el presidente, siempre generoso y compartido, convirtió a las fuerzas armadas en el principal contratista de su sexenio.

Nuestras fuerzas armadas son milusos: le dan abrazos y no balazos al crimen organizado, participan en el programa Sembrando Vida, apoyan a la juventud en Jóvenes Construyendo el Futuro, combaten a los huachicoleros, administran los puertos y las aduanas del país, entregan los libros de texto gratuitos, entregan fertilizantes a los campesinos, reparten mercancía decomisada al pueblo en los Tianguis del Bienestar, construyen escuelas, hospitales, sucursales del Banco del Bienestar, cuarteles de la Guardia Nacional, reparten medicamentos, administran zonas arqueológicas y rescatan perritos.

Ayudaron al INAH a recuperar los restos de los mamuts que encontraron en Santa Lucía, se sumaron a la campaña de vacunación contra el covid, vendieron boletos para la lotería del avión presidencial, fueron por el cuerpo de José José y rescataron a Evo Morales.

Además, nuestro presidente creó otra empresa para sus amigos militares, a la que bautizó con uno de esos originales nombres que tanto le gustan: Olmeca Maya Mexica, para administrar el AIFA y los aeropuertos de Tulum, Chetumal y Palenque, y participar en varios tramos del Tren Maya. Ojalá, antes de que termine el sexenio, las fuerzas armadas hagan la rosca para el Día de Reyes, vendan tamales para la Candelaria y, ya entrados en gastos, vistan niños dios.

AR

147

QUÉ HACER CON EL PARQUE AZTLÁN

HABÍAN EMPEZADO A DEMOLER LA MONTAÑA RUSA DE CHAPULTEPEC.

EL FUTURO ESTÁ CARGADO DE PASADO: ADIÓS, FERIA DE CHAPULTEPEC. HOLA, FERIA AZTECA.

El sexenio, recordemos, empezó con una ceremonia en la que el presidente, hipersolemne, en pleno Zócalo, se sometió a lo que la gente de mala fe llamó una ceremonia *new age*, en plan familia de San Ángel con casa en Tepoztlán, entre tambores, caracolas y humos de, es de suponerse, copal. Luego, otra ceremonia destinada a pedirle permiso a la Madre Tierra para hacerla puré con el Tren Maya. Tenemos, claro, los ventiladores Ehécatl para enfrentar el covid, una pirámide de cartón piedra en el Zócalo, una pasarela de moda con huipiles en Los Pinos, una exigencia de disculpas a los españoles por la mala madre de Hernán Cortés y compañía, que vinieron a destruir un mundo idílico, y un Conacyt que habla mucho del maíz como planta sagrada. Y tenemos, o estamos a punto de tener, el Parque de Diversiones Aztlán.

Los chilangos nos enteramos hace poco, con una melancolía resignada, de que habían empezado a demoler la montaña rusa de Chapultepec, ese monstruo chirriante, ya malo de las articulaciones, que nos acompañó desde los años sesenta ahí, en el horizonte capitalino. Pero la Cuarta Transformación, siempre creativa, asegura que nos hará olvidar pronto al gigante caído, y en general al viejo parque de atracciones, a punta de taparrabos y plumas. ¿Qué incluirá el Parque Aztlán, su reemplazo? Sabemos que va a tener juegos como «El viaje de Quetzalcóatl» y «Popo e Izta», o el interactivo «Viaje a Tenochtitlan». Maravilloso todos soñamos con subirnos a un juego que se llame «Popo». Con todo, nos parece que hay una subutilización del espacio, que no se aprovechan debidamente las mil y una posibilidades que ofrece la 4T.

> ¿QUÉ INCLUIRÁ EL PARQUE AZTLÁN, SU REEMPLAZO? SABEMOS QUE VA A TENER JUEGOS COMO «EL VIAJE DE QUETZALCÓATL».

¿Qué tal, por ejemplo, un interactivo que se llame «Conoce el país con nuestro Gran Tlatoani»? Los niños podrían ver los videos de nuestro presidente cuando visita las distintas comunidades y con esa empatía que se pone la corona de flores, que se cuelga el collar multicolor, que se aplica el baño de cempasúchil, a la manera de una orgullosa Carmen Miranda del México profundo. Otras posibilidades: una especie de gotcha, con arcos y rifles de madera, sobre la heroica defensa de Tenochtitlan: una exposición de guayaberas donadas por los diputados de Morena y el PT, bien lavadas, por supuesto, o un Salón Nezahualcóyotl, con doña Beatriz Gutiérrez Müller recitando sentidamente al rey poeta.

En otras palabras, no escatimemos en recursos y esfuerzos. El Parque Aztlán, a fin de cuentas, será mucho más que un espacio de sana diversión. De lo que se trata es de cumplir con una de las promesas centrales de nuestro presidente, que es revalorar, compartir y, sobre todo, dignificar el pasado prehispánico y a sus herederos, los pueblos originarios.

Tiembla, Six Flags: la competencia ha llegado.

JP

BRINCAN LOS BORREGOS

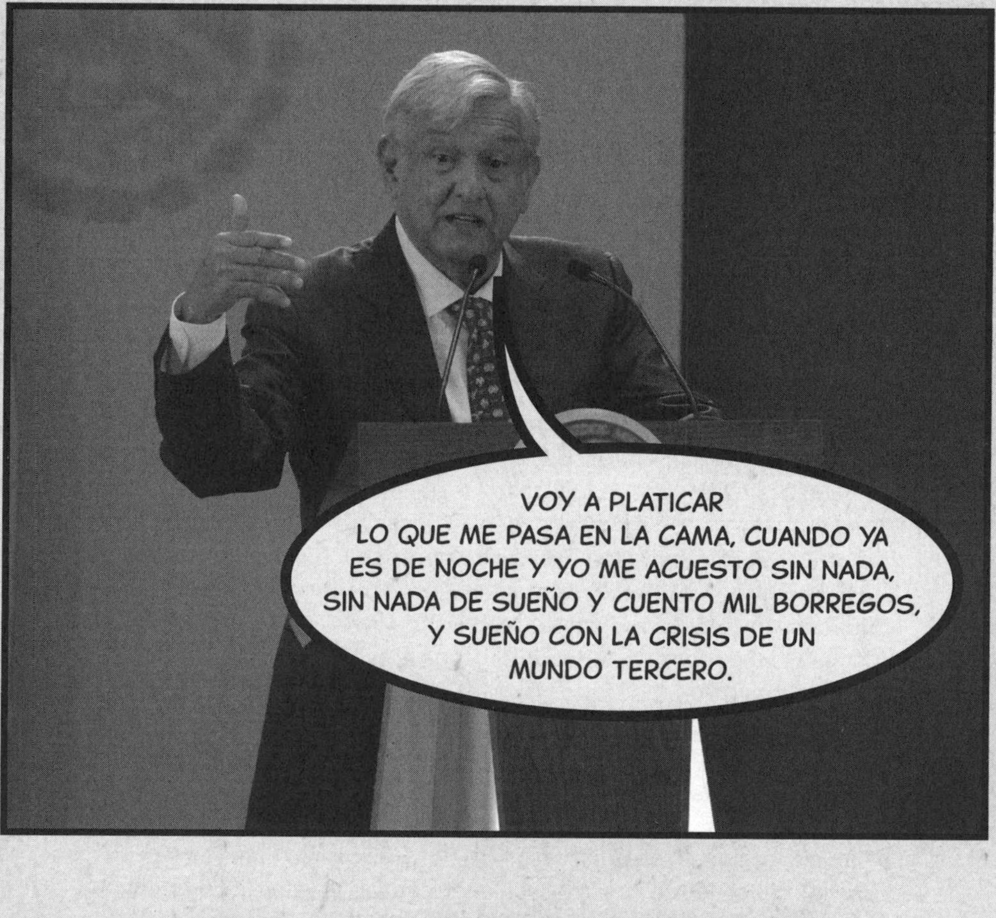

NO ERAN *FAKE NEWS.*

«Ojalá se filtre el nombre de la persona que escribió este comunicado para que quede demostrado que es 90% estúpida y 10% incompetente», fue lo primero que se me ocurrió tuitear el 11 de marzo de 2022, luego de leer esa joya de la historia diplomática mexicana que es la respuesta del gobierno de la 4T a una resolución del Parlamento Europeo sobre México.

Caray. Hubiéramos apostado todo a que la autora había sido Liz Vilchis, esa preclara mujer que los miércoles en las mañaneras miente para tratar de demostrar que los críticos de la 4T mienten. Pero nos equivocamos: el autor de la respuesta había sido nuestro mismísimo presidente.

La carta enviada al Parlamento Europeo era tan absurda, tan fuera de lugar, tan poco inteligente, que hasta algunos de sus fanáticos, como la empresaria y diputada Patricia Armendáriz, que la llamó «burdo escrito», e incluso Fernández Noroña,

> **LA CARTA ENVIADA AL PARLAMENTO EUROPEO ERA TAN ABSURDA, TAN POCO INTELIGENTE, QUE HASTA ALGUNOS DE SUS FANÁTICOS LA LLAMARON «BURDO ESCRITO».**

151

que siempre está del lado del «compañero presidente», como le dice a López Obrador, dudaron de su veracidad.

Pero no eran *fake news*. En la mañanera de ese 11 de marzo, nuestro presidente confirmó que él, personalmente, casi de puño y letra, la había escrito, aunque poco después también embarró a Jesús Ramírez, al tiempo que el canciller Ebrard se quería sacar los ojos, pues había sido ignorado olímpicamente.

La verdad es que el Parlamento Europeo sí se había pasado de lanza: ¿cómo se atrevieron sus diputados a condenar la violencia contra periodistas y defensores de derechos humanos en México y a recomendar a nuestro gobierno que los protegiera y no dejara impunes los asesinatos? Era una afrenta por donde se le viera, una violación flagrante a la soberanía nacional. De ahí a la intervención armada solo había un paso.

Por eso nuestro amado líder estaba muy enchilado —como se dice en la jerga diplomática—. Aun sin pruebas, sabía que los tentáculos de Claudio X. González, Héctor Aguilar Camín y Enrique Krauze habían llegado al Parlamento Europeo en un intento más por derrocar a su gobierno, por eso les respondió como exige la dignidad nacional cuando ha sido mancillada.

«Basta de corrupción, de mentiras y de hipocresías», así comenzó la airada respuesta de nuestro presidente. Llamó «borregos» a los diputados europeos, culpó al neoliberalismo de la desigualdad y la violencia en nuestro país, les dijo con todas sus letras que México ya no era tierra de conquista y que bajo su gobierno el Estado no viola los derechos humanos, como sí lo hacía en los gobiernos anteriores. Los acusó de no haber dicho nada antes, de guardar un silencio cómplice —nadie le dijo al presidente que a Calderón y a Peña Nieto también les enviaron varias recomendaciones por temas similares.

«BASTA DE CORRUPCIÓN, DE MENTIRAS Y DE HIPOCRESÍAS», ASÍ COMENZÓ LA AIRADA RESPUESTA DE NUESTRO PRESIDENTE.

Nuestro gran tlatoani, defensor de la soberanía nacional, calificó de panfleto el documento enviado por el Parlamento y no perdió la oportunidad para presumirles que tenía el segundo lugar de aceptación entre los principales mandatarios del mundo; además, les exigió que para la próxima se informaran y leyeran lo que iban a votar, les recordó una vez más que México no es colonia de nadie y que dejaran atrás su manía injerencista, y remató como nadie jamás lo hubiera imaginado: con la cita de Juárez del respeto al derecho ajeno y todo eso.

Según cuentan algunos testigos, ya para concluir su respuesta, el presidente le dijo a Chucho:

—A ver, te paso la carta, ¿puedes agregar lo de Benito?

—¿Mussolini? —respondió el siempre avispado vocero.

—¡No! Juárez. Caray, Jesús, no sé por qué siempre me hacen la misma pregunta —agregó el presidente, desconcertado.

Como era de esperarse, la respuesta de nuestro amado líder desató críticas por un lado y aplausos por el otro, al grado de que todos los miembros de la 4T, seguidores y fanáticos —como borregos pastoreados por el nuevo Juárez— se envolvieron en la bandera nacionalista; los gobernadores y las gobernadoras de Morena publicaron un manifiesto de apoyo al presidente, condenando la resolución por considerarla intervencionista y desinformada, y porque lesionaba severamente nuestra dignidad nacional

Ese día, la Cuarta Transformación pagó 3 × 1 las maromas y los malabares que tuvieron que hacer sus corifeos para poder defender la respuesta de nuestro amado líder, pero al final la soberanía nacional quedó salvaguardada.

AR

EL MEJOR INGENIERO ES EL PUEBLO

EL PRESIDENTE ASEGURA QUE EL PUEBLO CONSTRUYE MEJOR QUE LOS INGENIEROS. A CONTINUACIÓN, LOS RESULTADOS.

Imagen uno. Enero de 2020. El presidente de México, manos en los bolsillos, sonrisa discreta, ojos serenos que brillan de contento, anuncia que están inaugurando un camino rural en el municipio más pobre de México: Santos Reyes Yucuná, en Oaxaca. No está solo. Lo acompañan el gobernador del estado, Alejandro Murat, y el secretario de Comunicaciones y Transportes, Javier Jiménez Espriú. Sí, está feliz. La comunidad construyó el camino con sus propias manos, gracias al «apoyo» del gobierno federal: nosotros pagamos, ustedes arriman el hombro, viene a ser el proyecto.

La iniciativa es muy del sentir presidencial. Al presidente no le gustan los especialistas. Hacia el principio del sexenio, dijo que los economistas estaban perdidos si pensaban que podían administrar mejor los recursos que una señora de su casa. Literalmente. Y se lanzó a diseñar la política económica, con su licenciatura de 14 años en Ciencias Políticas. Luego, puso a cargo de Pemex a un hombre que, si no es propiamente del pueblo, como él, casi casi: Octavio Romero, ingeniero agrónomo. Y también, con una congruencia a prueba de balas, cree que no hacen falta ingenieros. Que la gente, con pico, pala y carretilla, puede construir caminos estupendos.

Esa vez, quería enseñarnos que, como siempre, tenía razón. En mangas de camisa, nos explicó que hasta entonces no había camino pavimentado hasta la cabecera municipal, pero que ya estaba: el pueblo bueno, con esas manos agrietadas de trabajar la tierra y esa mirada pura, ingenua, agradecida, construía como el mejor. «Miren el grosor del concreto», dijo a cuadro, con la voz segura de quien conoce hasta el último secreto de la ingeniería civil, para añadir que lo que estábamos viendo no es una carreterucha como las que construyen los contratistas, que por corrupción, precisó, ponen una capita de asfalto que se deshace con la lluvia, y vuelta a la terracería. No: esto está bien hecho, dejó saber. También aclaró que el dinero que se había donado a la comunidad para la obra venía de unos vehículos blindados que pertenecían al Estado Mayor Presidencial. Pero eso, dejó caer, ya se fue «al carajo». Son otros tiempos. Los subastaron y el dinero fue para los más pobres.

Imagen dos. Enero de 2021. Otra cosa que se fue al carajo: la carretera está destrozada en el tramo San Pedro Yólox-San Juan Quiotepec.

¿Por qué esa devastación? Dejemos que conteste el pueblo bueno y constructor en boca de Juan Quircz, representante de la asamblea comunitaria de San Juan. Explica el compañero: «La obra comenzó en septiembre y participaron más de 200 ciudadanos que realizaron su tequio. El gobierno federal pagó el cemento y la revolvedora... Y no sabemos qué pasó». Para ser justos, no son los habitantes de ese municipio los únicos que no saben qué pasó. El programa que propicia esas obras tan comunitarias se llama Pavimentación de Caminos a Cabeceras Municipales. Según la propia SCT, en 2019, de 45 carreteras, se revisaron 22. Todas eran un desastre, entre otras cosas porque a nadie se le ocurrió hacer mediciones de eso que se llama «resistencia de concretos», que, suponemos desde la ignorancia, debe ser importante, por ejemplo, cuando pasa un tráiler. De hecho, varias carreteras quedaron inutilizadas antes de la inauguración, como esa de la Sierra Norte oaxaqueña, que de plano se desmoronó. También hubo problemas porque el pueblo ingeniero no respetó las leyes sobre el medio ambiente, no justificó varios millones de pesos, no tramitó permisos de construcción y contrató a los trabajadores sin darles seguridad social.

Durante ese año, la economía cayó hasta menos ocho puntos, por primera vez en muchos años, y Pemex perdió 35 mil millones de dólares. En el gobierno tampoco saben qué pasó.

JP

EL MISTERIOSO CASO DE LAS PIPAS

LLEGARON TARDE, COSTARON MÁS DE LO DEBIDO Y NO ENTRARON EN FUNCIONAMIENTO. SIN EMBARGO, FUERON UN LOGRO DEL PRESIDENTE.

Los conservadores están desesperados por varias razones, una de las cuales, muy importante, es la tremenda capacidad de improvisación de nuestro presidente. No logran agarrarlo en una: siempre encuentra una respuesta, como permite comprobar uno de los actos fundacionales de esta nueva era, que fue el desabasto de gasolina en 2019, nada más arrancar el año, con el gobierno recién estrenado.

Gobernar, en efecto, es facilísimo. No tiene ciencia. ¿Que tu secretaria de Energía decidió no comprar combustible gringo por aquello de la soberanía energética y la austeridad republicana, pero nuestras refinerías no sirven para procesar nuestro petróleo? ¿Que el sexenio arranca, por lo tanto, con el primer caso de escasez? ¿Que las gasolineras tienen colas de tres horas, que la industria se ve amenazada de parálisis, que la economía va a recibir un golpazo, que la inversión tiene otro motivo para salir corriendo, que los taxistas o los de Uber te van a bloquear las calles, que los aguacates se pudren en las cajas incluso antes de que se los robe el crimen organizado? No pasa nada. Dices que de lo que se trata es de luchar contra el robo de combustible (el «huachicol»), que en el neoliberalismo fue propiciado por la terrible corrupción imperante; que aguántenme tantito y que de mientras, o sea mientras se reabren los ductos, vamos a comprar más pipas para mover la gasolina. Y sí, compraron pipas. Unos 99 millones de dólares y fracción de pipas. Ni modo. La lucha contra el conservadurismo sale cara.

El contingente que se lanzó a Estados Unidos por los camiones tanque lo formaron la entonces secretaria de Economía, Graciela Márquez; la de la Función Pública, Irma Eréndira Sandoval, y Raquel Buenrostro, del SAT, bajo la coordinación del canciller Marcelo Ebrard. Apeguémonos a los hechos. La verdad es que sí: las pipas tardaron en llegar 15 días más de lo acordado, 15 días de colas. Se compraron 679 y se contrató un número parecido de choferes para trasladar la gasolina, una urgencia. Hay que reconocer también que no sirvieron de mucho. Dos meses después de que llegaron desde Estados Unidos, solo 29 habían entrado en acción, con 44 traslados y 26 días de retraso. Aunque hay otra manera de decirlo: el 95% de las pipas se quedaron estacionadas en quién sabe dónde. Incluso hay otra manera de plantearlo: al final del año, los movimientos de gasolina de Pemex, en vez de aumentar en un 25%, disminuyeron en un 0.1%. La Auditoría Superior de la Federación, a la que debemos estos números, hizo saber también que la mala gestión de la compra por parte de Pemex nos costó un dinerito extra. Unos cinco millones de dólares, digamos.

Hay otros problemillas. Por ejemplo, que la compra no fue vía licitación, por aquello de las prisas, pero una adjudicación directa, según las leyes, no puede exceder los 500 y pico mil pesos. Uno más: terminado febrero, apenas había llegado la cuarta parte de los camiones tanque, cuando el presidente había explicado que si no habían apelado al proceso de licitación fue porque las pipas no hubieran llegado sino hasta… marzo.

Dicho sea de paso, tampoco resultó muy bien lo de luchar contra el huachicoleo, tenemos que aceptarlo. El presidente dijo ese año que «hemos podido eliminar prácticamente esa forma de actividad delictiva». Pero si las tomas ilegales fueron 145 en el primer trimestre de 2021, en el mismo lapso de 2022 llegaron a las 3 199.

Sin embargo, nada de eso es realmente importante. No perdamos el foco. Lo relevante es que los conservadores están desesperados. Otro logro del presidente más popular de la historia.

JP

157

FIFÍS DE CLÓSET

«Es un evento frívolo al que solo tiene acceso la élite del país, que evidentemente es blanca», escribió sobre la Fórmula Uno, con todo desconocimiento de causa, Estefanía Veloz, a quien le gusta tomarse *selfies* para presumir en Instagram su piel blanca y lozana.

Uno de los vicios ocultos con los que llegó la 4T a gobernar fue que de pronto le dio voz a un grupo de jóvenes improvisados y nuevos políticos que no tenían idea de la política, y cuyo único mérito era repetir como periquitos la máxima de nuestro tlatoani: «Primero los pobres».

Pero como les urgía quedar bien con nuestro amado líder, encontraron en la Fórmula Uno terreno fértil para pegarle al gordo. Los nuevos comentaristas al servicio del gobierno, entre ellos Estefanía Veloz, se lanzaron al abordaje y señalaron al GP de México como un espectáculo fifí, de gente blanca, clasista, y al que solo asisten güeritos de ojo verde; comentarios suficientes para saber que jamás se había parado en el autódromo Hermanos Rodríguez a ver un Gran Premio de F1.

El presidente aún no tomaba posesión de la presidencia y la F1 ya estaba camino al patíbulo. Por si fuera poco, a nuestro jefe máximo le tenían sin cuidado los carritos; como es fanático del rey de los deportes, se le veía feliz yendo a «macanear», como le llama a tomarse unas horas para ir a batear mientras piensa en llenar la República con estadios de beis.

Pero el oportunismo estaba a la orden del día y, más rápida de lo que llegó a correr en los Juegos Olímpicos, la otrora velocista Ana Guevara salió a medios para dar su informada opinión sobre la Fórmula 1: «No me disgusta el tema de la Fórmula Uno, pero me parece que es demasiado dinero... hay que definir algo: ¿cuál es la labor como autoridad? ¿Generar eventos y espectáculos deportivos o llevarle el deporte a la gente?». A nadie le importaba su opinión sobre la F1, pero la moda era hablar de la austeridad del pueblo bueno y arremeter contra espectáculos fifís. Ojalá con esa velocidad hubiera apoyado a la delegación mexicana en los Juegos Olímpicos de Tokio para traer más medallas de oro.

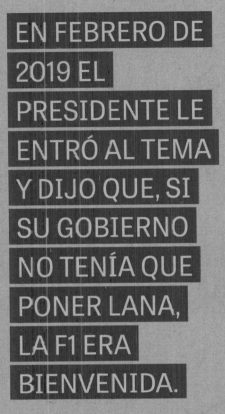

EN FEBRERO DE 2019 EL PRESIDENTE LE ENTRÓ AL TEMA Y DIJO QUE, SI SU GOBIERNO NO TENÍA QUE PONER LANA, LA F1 ERA BIENVENIDA.

En febrero de 2019, desde su mañanera, el presidente finalmente le entró al tema y dijo que, si su gobierno no tenía que poner lana, la F1 era bienvenida. La jefa de gobierno aprovechó la ocasión y, para quedar bien con su jefe, dijo que para 2020 no habría recursos para la F1. Los 400 millones que le metía el gobierno de CDMX al gran premio serían utilizados para una obra más noble: el Tren Maya.

Como a la 4T rara vez se le dan las matemáticas, al nuevo gobierno no le importó que los 400 millones que invertía al año en la F1 se convirtieran en 40 mil millones de pesos al término de un quinquenio. Tampoco parecía importarle que el evento fuera una gran vitrina para promover la Ciudad de México en el mundo. Los dioses mayas reían complacidos.

Luego de varios meses de incertidumbre, la iniciativa privada logró hacer una vaquita y en agosto de 2019 la jefa de gobierno anunció que habría Gran Premio al menos hasta 2022, pero sin recursos públicos.

Debido a la pandemia de covid, en 2020 no se llevó a cabo el GP, pero para 2021, Claudia Sheinbaum demostró que su gobierno y ella eran fifís de clóset: asistió al autódromo para retratarse con Checo Pérez, las tribunas del Foro Sol fueron tapizadas con anuncios del gobierno capitalino y la competencia cambió de nombre. Ya no sería el Gran Premio de México, sino de Ciudad de México. ¿No que no tronabas, pistolita?

AR

MARX EN MÉXICO

MARX ARRIAGA CONFIESA QUE SE LLAMA ASÍ POR GROUCHO MARX.

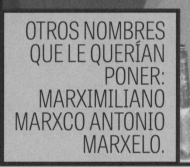

OTROS NOMBRES QUE LE QUERÍAN PONER: MARXIMILIANO MARXCO ANTONIO MARXELO.

AG

EL EXDIRECTOR DEL SISTEMA DE BIBLIOTECAS LES DIJO A LAS MUJERES QUE NO LEÍAN, Y QUE POR ESO ESTÁN COMO ESTÁN.

PUEDEN ACUSARLO DE IMPRUDENTE, DE FACCIOSO, DE FALTA DE COHERENCIA Y DE UNA INCOMPETENCIA A PRUEBA DE BALAS. CON TODO, *TIENE UNA SENSIBILIDAD LITERARIA BELLÍSIMA.* CON USTEDES, EL HOMBRE DE LOS LIBROS DE TEXTO.

Marx Arriaga llegó a este mundo para dar lecciones. No parece haber ámbito del conocimiento humano en el que no sea un especialista, como hemos podido confirmarlo desde que la 4T llegó con ese costal cargado de bendiciones en el hombro. Lo ponen a cargo del sistema de bibliotecas, cargo para el que no tenía ningún tipo de experiencia conforme a su hoja curricular, y le espeta al ya director de la Vasconcelos, Daniel Goldin, un «Recoge tus cosas y llévate tu escritorio al sótano». ¿Lo ponen a dar una conferencia? Les explica a las mujeres cómo liberarse del machismo: «Mujeres, si en verdad buscan emanciparse de sus opresores, modificar este sistema machista que las rodea, no esperen que su libertad llegue como un regalo, por favor lean aquellos libros, ahí están descritos los caminos para su revolución. Nuestro presidente no las engaña, ¿quieren cambiar este sistema machista? Necesitan dos cosas: uno, cultura, lo cual les dará identidad, y dos, educación para desarrollar un pensamiento crítico. ¿Quieren ambas? Asistan a la biblioteca pública». Sí, el exdirector del sistema de bibliotecas les dijo a las mujeres que no leían, y que por eso están como están. Es que de veras. Aprendan.

Ya fuera del sistema de bibliotecas y como titular de la comisión de libros de texto de la SEP, le toca hablar sobre la

MARX VINO A ESTE MUNDO A DAR LECCIONES, AUNQUE NO NECESARIAMENTE CON EL EJEMPLO.

lectura con un grupo de maestros normalistas. ¿Qué hace? Deja que su nombre de pila se adueñe de la conferencia y dice que la lectura por el puro «goce» es un vicio capitalista, y que no, que debe ser emancipadora, que debe trasformar la realidad, que debe aventarse un «vade retro, individualismo», y que los libros que propone «el mercado» nos ofrecen mundos de fantasía, falsos, llenos de una felicidad que no existe en un mundo de desheredados.

Sí: Marx vino a este mundo a dar lecciones, aunque no necesariamente con el ejemplo. Cuando convocó a los ilustradores del país a entrarles a los nuevos libros de texto, dijo que era pro bono: que no iban a cobrar. Que por el orgullo de colaborar con la 4T. Y está muy bien: le ha de entusiasmar la idea de la Orden de Lenin para el obrero modelo, en plan Macuspana. Lo que pasa es que al mismo tiempo, supimos, declaró ingresos por 200 mil pesos más que el presidente de la República: algo más de 1.7 millones en la declaración de 2020, lo que no está mal para un bibliotecario, por mucho que sea el bibliotecario en jefe.

Tampoco puso mucho el ejemplo como promotor de la lectura impulsada por el Estado. Y es que, para el arranque del ciclo 2021-2022, de los 16 nuevos libros de texto que prometió el camarada Marx estuvieron listos... dos. Ahí tampoco funcionó muy bien lo de la Orden de Macuspana. El camarada había dicho que se acababa lo de andarles pagando a especialistas. Que los nuevos libros iban a estar listos en solo 50 días hábiles, gracias a la tarea encomiabilísima de 2 365 personas que trabajarían de forma, sí, gratuita.

Los neoliberales, los conservadores, los corruptos que están desesperados porque se acabaron sus privilegios dirán que la única razón por la que el camarada Marx goza de puestos de tanta responsabilidad, él, que estudió literatura, que se ha dedicado a la docencia y que no tiene una obra publicada de un peso aunque sea mínimo, es que le dirigió la tesis a la Primera Poeta de la Nación: Beatriz Gutiérrez Müller. Los autores de *Morenadas* preferimos creer en la humanidad. Una mujer con esa cultura tiene que haberse rendido a los pies de un hombre con gran sensibilidad literaria. A las pruebas nos remitimos: el día de la conferencia para los normalistas nos hizo ver que incluso en el leninista más aguerrido cabe la lírica, la dulzura, la hipersensibilidad epidérmica. Miren nada más esta belleza que les recitó a los profes: «Cuando un ciudadano ha olvidado la sensación que produce un amanecer, la brisa del rocío, la sonrisa de una madre al ver los primeros pasos de su hijo, el primer beso...». No sigas, camarada, que nos derretimos. Hasta la victoria siempre.

JP

CONSEJOS DE SALUD DEL CORREDOR KENIANO

NOS GOBIERNA UN LÍDER HISTÓRICO, UN HOMBRE DEL PUEBLO, UN POETA... Y UN ATLETA SIN PAR. ASÍ NOS LO HIZO SABER UNA REPORTERA EN PALACIO NACIONAL.

Podríamos pensar que el Poder Ejecutivo, hoy, pende de un hilo: un hilo cardiaco. Hay buenas razones. Está, para empezar, ese cateterismo que le practicaron al presidente a inicios de 2022, consecuencia de un problema de corazón de larga trayectoria. Está, sin duda, el inocultable aumento de su circunferencia abdominal, el aumento de un hombre que llegó con algún sobrepeso a Palacio Nacional, en 2018, y hoy usa todas las guayaberas como si las llevara pintadas sobre la piel, de tan justas. Pero es una gordura encomiable: la promoción que ha hecho nuestro presidente de la comida popular mexicana, particularmente de las mil formas en que se combinan las grasas de origen animal y la harina de maíz, es invaluable; el logro más importante de su sexenio, queremos insistir en ello. Y

¿CÓMO HACE PARA ESTAR ASÍ DE SANO, DE ATLÉTICO?

está, desde luego, el momento dolorosísimo en el que, en uno de los muchos videos que ha subido a reces en los que aparece jugando beisbol, sufre un desgarre muscular en algún momento entre ese toque de bola que se fue de *foul* y esa carrera hacia primera base, en el subsecuente batazo de *hit* por la zona del *short stop*.

Bien, ahora sabemos que no hay motivo de alarma. Que nuestro miedo es injustificado. Aquella mañana de 2019, Sandy Aguilera, asidua de las conferencias mañaneras como enviada del prestigiado Grupo Larsa Comunicaciones, con sus 22 mil seguidores en Twitter, le hizo al presidente López Obrador una pregunta urgente: «Aquí estoy hablando de su salud. Sabemos que está muy bien. Yo creo que todos queremos saber qué hace: si usted utiliza un método alternativo, si utiliza cámaras hiperbáricas... Tiene mucha energía, de verdad, y usted es como un corredor keniano». Nuestros respetos a Sandy. Las conferencias mañaneras, como sabemos, se distinguen por personajes que adoran al presidente y no tienen empacho en hacerlo patente. Está Lord Molécula, por ejemplo, que lee las preguntas que le pasan en un impreso y que alguna vez propuso elaborar un índice para premiar al «más amlover», o Diego Cedillo, que lo interrogó sobre los motivos de que fuera tan, pero tan querido. Aun así, con esa competencia, nadie dio en el blanco como Sandy.

Sí, estábamos en el error. Y el presidente lo sabe. De hecho, a lo largo del sexenio, ese portento de salud se ha dado el tiempo de darnos varios consejos para parecer eso, un corredor keniano, pero en guayabera pintada. ¿Cómo hace para estar así de sano, de atlético? Desde luego, nos explicó alguna vez, es muy importante el estado de ánimo: mantenerse optimista, positivo, y tener ideales. Literalmente. También, alimentarse con productos naturales y nutritivos, como las gorditas de chicharrón, las tlayudas o la barbacoa. Esa robustez de comida popular, sobra decirlo, no solo es encomiable: es sana. Sin duda, pesa mucho ser buenos y religiosos, como se permitió recomendarnos en alguna otra ocasión. En serio, es la mejor medicina contra el covid, para no ir más lejos.

Desde esta tribuna: gracias, señor presidente. Sin duda, lograremos tener un cuerpo como el suyo. Nos falta poco, de hecho.

JP

CARBONES

LA CFE DE ESTA NUEVA ERA NECESITA CARBÓN.

EL SENADOR ARMANDO GUADIANA SE DEDICA A DEFENDER, A CAPA Y ESPADA, EL USO DE CARBÓN PARA PRODUCIR ENERGÍA ELÉCTRICA. SE DEDICA A ESO Y A ALGO MÁS: A VENDER CARBÓN.

SI NO QUIEREN USAR CARBÓN, PODEMOS GENERAR ENERGÍA QUEMANDO PANELES SOLARES.

AG

EL SENADOR GUADIANA PROPONE LEGISLAR PARA QUE LOS NIÑOS MEXICANOS SOLO RECIBAN CARBÓN DE LOS REYES MAGOS.

Si fuera un personaje de *El Señor de los Anillos*, el licenciado Manuel Bartlett aparecería con una túnica negra, los ojos flamígeros, en medio de un gigantesco descampado en el que se elevan altísimas llamaradas y espesas columnas de humo. El descampado es el país y las columnas de humo son de la Comisión Federal de Electricidad, la compañía que dirige con la firme intención de que no haya foco prendido que no venga del carbón quemado.

Sí, la cfe de esta nueva era necesita carbón, mucho carbón. Muchísimo. Por eso, suponemos, es tan importante el senador Armando Guadiana, al que se le perdona todo, desde aparecer en los Pandora Papers con una cuenta truculenta en un paraíso fiscal hasta organizarle una corrida de toros a David Monreal, para celebrar su triunfo en Zacatecas, cuando las corridas de toros están muy mal vistas en el sector progresista que hoy nos gobierna, hasta aparecer en un antro, sin cubrebocas, en plena pandemia, para luego dar una explicación como la siguiente, digna del inmortal Piporro —si el inmortal Piporro se hubiera excedido con la metanfetamina—: «Amigas y amigos de Saltillo, y de Coahuila, y de México, les habla Armando Guadiana Tijerina, pues de aquí de la capital en el estado de Coahuila, lo que era antes la Nueva Vizcaya, para decirles a los de enfrente que no se pongan nerviosos. "Hombre", todavía ni soy candidato a nada y ya andan con que los espectaculares, y que quién sabe qué, que los volantes y que te vas a Polanquito, que te echas un palomazo con Filos Bar ahí en Guadalupe, Nuevo León».

De hecho, con ese bigote y ese sombrero, a simple vista, sí, podría pensarse que el protagonista de Mario Bros se coló en una película del Piporro y se apoderó de su espíritu. Pero la realidad es muy distinta. A sus 76 años, don Santana Armando Guadiana Tijerina, ingeniero civil, coahuilense, empresario y morenista, está para lo que se ofrezca si de la transformación de este país se trata. Ese «lo que se ofrezca», según parece, es, sobre todo, justamente, vender carbón. En junio de 2020, la cfe suspendió los contratos para adquirir ese combustible con Altos Hornos de México. Para llenar el hueco, la Compañía decidió comprarles dos millones de toneladas a varias empresas de la región carbonífera de Coahuila. Don Armando no cabía en sí de contento. Como presidente de la comisión de energía de la cámara alta, había hecho lo indecible por convencer a don Manuel y al presidente López Obrador de «impulsar la economía de la zona». «El anuncio de la CFE es el espíritu de lo que se le comentó al presidente, al menos lo que yo le comenté: que se hiciera una repartición de lo que fueran a dar, primero a los más pequeños y luego los medianos. Se le pidió al presidente y más justa no puede ser la repartición», así dijo el senador Guadiana. Se entiende su alegría, sin duda. Porque, más allá del amor que le tiene a su tierra, en 2019 el tribuno Armando Guadiana, el de la comisión de energía, le hizo un favor al empresario Armando Guadiana, relacionado con cuatro empresas dedicadas a la venta de carbón. Como proveedoras de la Comisión, esas empresas tendrían ganancias por 57.9 millones de pesos. ¿Conflicto de interés? Para nada. El senador aclaró que no es dueño de ninguna de esas compañías. Pero tiene mala suerte y además luego se descuida, y resulta que el presidente de la comisión dueño de las empresas a lo mejor no es, pero, según se coló a los medios, definitivamente es apoderado de tres de ellas, mientras que su familia es dueña de la cuarta. Cuando el periódico *El País* le preguntó si de veras no percibía algún conflicto de interés, el senador respondió con un muy norteño «Ah, caray», y explicó que no estaba al tanto, que primera noticia: su familia es muy numerosa y no les sigue la pista a todos sus negocios.

En efecto, el camarada Guadiana parece ser despistado. Por eso, suponemos, en 2021 supimos que sus amistades

EL PROTAGONISTA DE MARIO BROS SE COLÓ EN UNA PELÍCULA DEL PIPORRO.

obtuvieron contratos mucho, pero mucho más jugosos: vía adjudicaciones directas, la CFE les hizo compras de carbón por unos 1 200 millones de pesos, 44% del total invertido por la Comisión en esos menesteres. Ser despistado es un buen negocio en la Cuarta Transformación.

JP

CUADRO DE HONOR DE LA 4T

NOMBRE: JOHN M. ACKERMAN, ALIAS DOCTOR DOCTOR, DOC DOC, TIROLOCO, TIROLOCO MCMANSIONS, BÁLSAMO
CARGO: OPINÓLOGO

ANTECEDENTES: Al dos veces doctor, como se le conoce por una respuesta en redes —«tengo dos doctorados», le espetó a algún detractor—, se le recordará por sus peleas con los compañeros de movimiento, desde Ricardo Monreal, al que llamó «cáncer», hasta Félix Salgado Macedonio. También se peleó con el líder del partido, Mario Delgado, a pesar de que hay entre ellos curiosas sintonías. Luego de una reunión con el presidente, el Doc Doc escribió: «Muy gratificante plática con nuestro presidente @lopezobrador_ Me compartió sus reflexiones sobre el presupuesto para los más pobres, reforma eléctrica y revocación de mandato. Es muy motivante constatar su satisfacción con los esfuerzos para corregir el rumbo del movimiento». A su vez, Mario escribió: «Muy gratificante plática con nuestro presidente @lopezobrador_ Me compartió sus reflexiones sobre el presupuesto para los más pobres, reforma eléctrica y revocación de mandato. Es muy motivante constatar su satisfacción con los esfuerzos para corregir el rumbo del movimiento».

FRASE CÉLEBRE:

«EL PRESIDENTE ES UN CIENTÍFICO».

«NO ES FALSO, PERO SE EXAGERA»

ANA ELIZABETH GARCÍA VILCHIS
ES TODA UNA GUERRERA.

LA 4T SUFRE EL ACOSO PERMANENTE DE *FAKE NEWS*.

NUESTRO GOBIERNO NO DICE MENTIRAS, SON VERDADES DEL BIENESTAR.

AG

No cabe duda de que Dios y nuestro amado líder dan sus peores batallas a sus mejores guerreros. Y Ana Elizabeth García Vilchis es toda una guerrera. Llueva, truene o relampaguee, cada miércoles madruga y corre presurosa a Palacio Nacional para defender, en sus tres minutos de fama, a un gobierno de la 4T que sufre el acoso permanente de *fake news*, mentiras, rumores y tuits mala leche de todos aquellos conservadores, fifís y neoliberales que quieren impedir el triunfo de la Cuarta Transformación.

El presidente la ungió para que en la mañanera de los miércoles —a partir del 30 de junio de 2021— se encargara de la gustada sección «Quién es quién en las mentiras de la semana» y le dio ese encargo porque, en palabras del jefe supremo, «no todos tienen el valor civil para denunciar con argumentos», pero nuestra querida Liz Vilchis, indomable guerrera, sí tiene el valor —no le vale— y también tiene los arrestos para combatir a las fuerzas del mal.

Semana a semana, Liz persigue la mentira, revisa todos los medios de comunicación, los noticiarios de radio y televisión; hace un seguimiento de la prensa escrita; se adentra en los bajos fondos de las redes sociales y cada miércoles presenta tres o cuatro tuits de opositores al régimen, junto con algunos recortes de noticias que en su opinión son falsas y que todos sabemos que verificó previamente con un profesionalismo abrumador, con una minucia detectivesca y una honestidad intelectual a toda prueba.

Como cuando acusó a un grupo de especialistas de distintas disciplinas, que ofrecían conferencias por medio de una misma empresa, de ser parte de un complot contra el gobierno porque compartían el mismo correo electrónico en sus cuentas de Twitter, que no era otra cosa que el correo de contacto para contrataciones.

«Quién es quién en las mentiras» es una de las secciones más esperadas de las mañaneras, pues se ha convertido en el termómetro de la fama. Cientos de comunicadores, periodistas, intelectuales, tuiteros, escritores, científicos, estandoperos —todos críticos del gobierno de la 4T— han desfilado por el muro de la fama, donde son expuestos semana a semana. «Aquí no se estigmatiza a periodistas», repite con insistencia Liz Vilchis, al tiempo que les receta una letanía de adjetivos que no tiene desperdicio: hipócritas, sensacionalistas, tendenciosos, entreguistas, corruptos, mercantilistas, mentirosos.

Aunque no se le da la ironía, ni el sarcasmo, ni el humor común y corriente, y mucho menos la improvisación, la querida Liz, la cruzada, ha dejado momentos memorables. Como cuando desmintió una nota del periódico *Reforma* sobre el aumento de la tarifa eléctrica y con su insospechada sabiduría afirmó: «No es falso, pero se exagera».

A la reforma eléctrica le llamó reforma Elektra y se convirtió en la gran defensora del hijo del presidente López Obrador en el tema de la pequeña propiedad que arrendó en Houston. En otra ocasión, al tratar de desmentir un dato, hizo palidecer a Cantinflas: «No es falso, pero no es verdadero». La defensora de la verdad no ha sido muy veraz en su sección; decenas de periodistas la han confrontado y exigido que corrija su información, pues le gusta desmentir datos con noticias e información de otros sexenios. Al parecer, la única fuente que usa Liz para su cruzada por la verdad es Wikipedia.

En otro momento, el expresidente Felipe Calderón —enemigo público número uno de la 4T— se refirió a Liz Vilchis como «la señorita que no sabe leer» —siendo justos, sí le haría bien leer 15 minutos al día—, pero lo dicho por el expresidente calentó a nuestro amado líder, que con el solidario grito de «¡Se meten con uno, se meten con todos!» salió en defensa de su colaboradora con mucho estilo: «Pues no sabrá leer la señorita de la sección, pero no dice mentiras».

LIZ PERSIGUE LA MENTIRA CON UN PROFESIONALISMO ABRUMADOR, CON UNA MINUCIA DETECTIVESCA Y UNA HONESTIDAD INTELECTUAL A TODA PRUEBA.

Con el paso de los días, Liz Vilchis se percató de que la mejor manera de enfrentar la desinformación es mintiendo, o cuando menos manipulando la información, para que, al más puro estilo de nuestro amado líder, si la realidad no coincide con los fines de la 4T, peor para la realidad. Como cuando desmintió que no había vuelos en el AIFA y, muy segura de sí misma, replicó a sus detractores: «Hay seis vuelos diarios».

La 4T va y la sección «Quién es quién en las mentiras» permanecerá hasta terminar el sexenio. Los malquerientes de Liz la llaman «Vilchismosa», pero al ser toda una guerrera no se inmuta, sabe que no es falso, pero se exagera, al tiempo que se escucha el coro que canta: «Mentiras, tú me enamoraste a base de mentiras».

AR

IRMA ERÉNDIRA Y JOHN, UNA HISTORIA DE AMOR

LA 4T TAMBIÉN ES PASIÓN. CUERPOS QUE SE ENCUENTRAN. PALABRAS QUE DERRITEN. PARA MUESTRA, LA PAREJA MÁS HOT DE LA IZQUIERDA MEXICANA.

«MI ESPOSA ES UNA HERMOSA GUERRERA. NO HA DESCANSADO NI UN SEGUNDO A PESAR DE LA COVID Y LA ETERNA GUERRA SUCIA DE LOS NEOLIBERALES».

Ese día de 2020 se dejaba sentir algo especial en Twitter. Algo permeaba a la más bronca de las redes sociales, un *je ne sais quoi*: un algo como de pasión que se desbordaba, de amor imperecedero, de ojos que brillan y mejillas chapeaditas. Poco antes, nos habíamos enterado de que una de las funcionarias favoritas del presidente, Irma Eréndira Sandoval, había dado positivo de covid. Y entonces vino el remedio, el mejor remedio salvo tal vez las estampitas religiosas del titular del Ejecutivo: el amor. El esposo de la compañera Sandoval, John Ackerman, famoso por sus dos doctorados, tuiteó: «Mi esposa es una hermosa guerrera. No ha descansado ni un segundo a pesar de la covid y la eterna guerra sucia de los neoliberales». Castigada por el virus y todo, heroica en plan estampa de la Revolución francesa, pero con huipil y reloj Cartier, que es el uniforme de la 4T, Irma Eréndira encontró fuerzas para contestar también de un modo muy 4T, es decir, sin la coma del vocativo: «¡Gracias mi vida! Tu amor es mi bálsamo, mi medicina y mi inspiración».

Eran días felices para Hermosa Guerrera y Bálsamo. La doctora Sandoval fungía de secretaria de la Función Pública, con un desempeño muy a la altura: despachó en un pestañeo las acusaciones de corrupción contra Manuel Bartlett, al que se apuntaba por tener 25 propiedades de lujo, pero le había mandado toda la caballería jurídica a la revista *Nexos*, muy crítica con el presidente, que sonreía complacido. Y ella correspondía: que López Obrador es el Estado, dijo, así, sin meter freno. El rey Luis del trópico ardiente, sí. Del Doctor Doctor no hablamos: plaza en la UNAM, columna en *La Jornada*, programa en Canal Once con Sabina Berman,

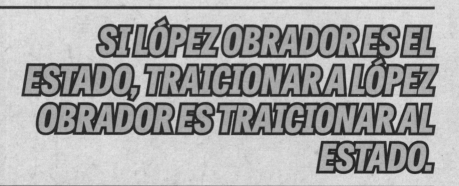

SI LÓPEZ OBRADOR ES EL ESTADO, TRAICIONAR A LÓPEZ OBRADOR ES TRAICIONAR AL ESTADO.

colaboración con *Russia Times*, programa también en TV UNAM. La revolución les había hecho justicia.

Pero la revolución es una madre celosa. Les perdonó, por ejemplo, que tuvieran a tanta parentela en nómina: Alejandro Sandoval Ballesteros, un hermano de la secretaria, en Pemex; Angélica Yacenia Sandoval Ballesteros, hermana, en la Fiscalía General, y Pablo Amílcar Sandoval Ballesteros, hermano, en la Secretaría del Bienestar, como delegado del presidente en Guerrero. Aparte de un par de chambas para el clan Ballesteros, cortesía del Doctor Doctor, en la UNAM. Incluso se le perdonó al matrimonio que lograra sumar hasta cinco propiedades, incluida una singularmente regalada por el gobierno chilango y otra, grande, divina, muy arbolada, en Tepoztlán, con una alberca de forma fálica, llamativa pero no digna de sorpresa, dada la temperatura desplegada en Twitter por el matrimonio. En cambio, no les perdonó el pecado de lesa majestad.

> EL GALLO DEL PRESIDENTE PARA GOBERNAR GUERRERO ERA FÉLIX SALGADO MACEDONIO, CON REITERADAS ACUSACIONES DE VIOLACIÓN.

Para la elección intermedia de 2021, el gallo del presidente para gobernar Guerrero era Félix Salgado Macedonio, con reiteradas acusaciones de violación, pero de una lealtad a toda prueba con el Supremo, que es lo que importa. En cambio, el gallo de Hermosa Guerrera y Bálsamo era un integrante de la familia Sandoval: Pablo Amílcar. Así que el clan Sandoval decidió recordarnos lo de las violaciones, en un afán por descabalgar a Salgado... Y perdió. Perdió en serio. En un video hecho público, el presidente, sin una sonrisa, le quitó el cargo a Hermosa Guerrera, que navegó a contrapelo de su propia premisa: si López Obrador es el Estado, traicionar a López Obrador es traicionar al Estado, o sea, básicamente, a México.

Una derrota terrible para el clan, pero sobre todo para Twitter: esa pasión, ese amor incandescente, no ha vuelto a manifestarse. El odio ha vuelto a adueñarse de esa red social. Queremos imaginar que ese fuego, esa pasión, no ha muerto, y tiene escenario, hoy, en la alberca fálica.

No hace falta que manden fotos.

JP

177

A VOLAR

«LO ÚNICO INCORRUPTIBLE DE ESTE GOBIERNO ES EL AVIÓN PRESIDENCIAL, YA QUE NO SE VENDE A NINGÚN PRECIO».

Troleo nivel dios: el que le propinó el expresidente Vicente Fox —así como lo leen— al gobierno de la 4T a través de su cuenta de Twitter el 27 de abril de 2022: «Se vendió más rápido Twitter que el avión presidencial».

Algunas voces dicen que se lo escribió Martita Sahagún, porque nuestro ex carece de toda gracia; sin embargo, no era la primera vez que lo hacía; en mayo de 2021 escribió: «Lo único incorruptible de este gobierno es el avión presidencial, ya que no se vende a ningún precio». Dicen que este tuit se lo robó, lo cual es muy probable, pero, como sea, no es una mentira: el avión presidencial no sale ni regalado.

A pesar de todas sus promesas, nuestro jefe máximo no se ha podido deshacer del dichoso avión presidencial, convertido ya casi en una maldición. La aeronave es el patito feo de la aviación mexicana.

Como lo compró Felipe Calderón y después lo usó Enrique Peña Nieto, es como si lo hubiera chupado el diablo, y nuestro presidente —puerta del cielo, estrella de la mañana—, en plena campaña electoral, abrió de más las dos bocas y juró ante la patria que primero se acababa el mundo antes que subirse a ese avión, porque era el símbolo de la corrupción que predominó durante el periodo neoliberal.

Pero hay otra razón por la que le agarró tirria al avión: ¡¿cómo se atrevieron a nombrarlo José María Morelos?!, cuando nuestro cura insurgente, el «siervo de la nación», siempre luchó porque se moderara la opulencia y la indigencia, y los conservadores, ambiciosos, materialistas como Calderón y Peña Nieto, habían hecho exactamente lo contrario. Pagar la opulencia hecha avión.

Una vez en el poder, el presidente pensó que con ponerle al avión el signo de pesos en las ventanas y anunciarlo en Segunda Mano, en DeRemate.com y en Mercado Libre, y en abonos chiquitos a seis meses sin intereses lo vendería de inmediato, pero no tardó en darse cuenta de que en política se hace lo que se puede y no lo que se quiere. A casi cuatro años del inicio de su gobierno, el avión no ha salido, literalmente, ni en rifa.

Al más puro estilo de José José, la infeliz aeronave «ha rodado de acá para allá», y es que al presidente, luego de fracasar en su primer intento por venderlo, se le ocurrió rifarlo pero sin rifarlo; luego dijo que había gente interesada y que incluso le habían dado un anticipo, luego que siempre no. Se desconoce si devolvió el anticipo.

Más adelante pensó que lo mejor sería rentarlo, pero no le salieron las cuentas; luego tuvo otra brillante idea: un trueque. Si nuestras culturas milenarias lo practicaban, por qué no hacerlo en pleno siglo XXI, como lo hacían los mexicas en el mercado de Tlatelolco, y pensó que podría intercambiarlo por equipo médico para hacerle frente a la pandemia, pero no había equipo médico disponible; insistió en que el trueque era buena idea y entregaría el avión a cambio de algunos helicópteros contra incendios, pero tampoco encontró interesados. Hasta buscó a la ONU para que le ayudara a colocarlo en algún lugar del mundo, pero

JURÓ ANTE LA PATRIA QUE PRIMERO SE ACABABA EL MUNDO ANTES QUE SUBIRSE A ESE AVIÓN.

nadie mostró interés. Tampoco Obama que desde hace tiempo sabíamos que ni siquiera él, cuando era presidente, tuvo un avión como el mexicano.

Un poco harto, en febrero de 2022, nuestro amado líder dijo que si el avión no se vendía, pronto lo donaría a la empresa Olmeca-Maya-Mexica —sí, así se llama—, encargada de la administración del aeropuerto Felipe Ángeles y algunos otros aeropuertos del sureste, para ver si los militares podían sacarle una lanita rentándolo para distintos eventos, incluyendo bodas y XV años.

Nadie sabe qué destino le aguarda al avión presidencial; por lo pronto, el gobierno sigue pagando por no usarlo: gasta en su mantenimiento, en el combustible, en la pensión para guardarlo y en lo que se ofrezca. Lo único cierto por ahora es que, cuando nuestro amado líder despierta, el avión sigue ahí.

AR

ROCÍO, LOS CHOCOLATES DEL BIENESTAR

LOS HIJOS DEL PRESIDENTE SON UNOS VERDADEROS EMPRENDEDORES. Y, COMO SU PADRE, «NO ESTÁN SOLOS». LOS AYUDA EL GOBIERNO QUE ENCABEZA SU PADRE.

Llegas a la tienda, volteas, con gozo anticipado, al estante de los chocolates, con la conciencia tranquila de quien hizo pilates el martes y por lo tanto se merece un premio de fin de semana, y dudas: ¿el Lindt con caramelo y sal por 94 pesos, el bote de 10 conejitos Turín por 159, como una inversión a largo plazo porque te duran toda la semana y sobre todo como un viaje nostálgico a la infancia, o las seis barras de Hershey's con almendras por 93? Descartas los conejitos y las barras de Hershey's, porque sabes que te vas a meter un atracón y no van a pasar de esa noche, estiras la mano hacia el Lindt y entonces algo llama tu atención: Chocolate Rocío. Titubeas con el precio: 160 pesos la barra, no lejos del doble que la de Lindt. Pero piensas en la pobreza franciscana que le espera al presidente después de 2024, cuando vuelva a ser ese hombre sin tarjeta bancaria, sin el salario recortadísimo que percibe como titular del Ejecutivo, con solo 80 pesitos en el bolsillo, como vivió toda su vida, y, a pesar de que con 160 podrías sumarle al Lindt un caguamón y un paquete de cacahuates japoneses, dices: «Ayudemos a los López». Entonces, agarras el de flor de sal, con «60% de cacao criollo», y te diriges a la caja. Pero algo te detiene. Lo que te detiene es que te acuerdas.

Los chocolates Rocío pertenecen, sí, a los tres hijos mayores del presidente. Es lo primero que conviene recordar. Enseguida, podríamos recordar que no son pocos quienes han intentado ayudar a esa familia tan precaria. Uno, al parecer, es Hugo Chávez. No, no el difunto teniente coronel venezolano. Se trata de un viejo amigo del hijo mayor del presidente, Andrés Manuel López Beltrán, que era además el representante del programa Sembrando Vida para Tabasco. El programa, pese a que los productores locales optaron por otros cultivos, se centró por decisión suya en el cacao. ¿Adivinan dónde está la Finca El Rocío, de la que proviene el cacao prémium para los chocolates? En Tabasco, sí.

Otros que decidieron ayudar a esos muchachos son los del grupo hotelero Vidanta, que ofrecen malteadas hechas con ese producto sublime y popular. El grupo tiene la concesión de las islas Marías, la prisión que el presidente decidió convertir en centro turístico. Las malteadas están a 175 pesos el vaso.

Claro que también es bueno recordar que Palacio Nacional ha entrado al quite: algún menú se coló a las redes en el que se constataba que a los invitados se les ofrecen manjares dulces hechos con... Una tableta de chocolate a quien lo adivine. Con Chocolates Rocío, sí.

Más ampliamente, es bueno recordar que los hermanos López, Andrés Manuel, Gonzalo y José Ramón, no necesitan, en general, de mucha caridad. José Ramón, por ejemplo, tiene un cargo en una empresa del grupo Vidanta en Houston, donde vive con su esposa, que se dedica al lobismo petrolero y donde rentaron una casa bastante lujosa a un alto ejecutivo de una empresa que se benefició de contratos con Pemex. Antes, representó a Morena en el Estado de México, donde participó en la campaña malograda de Delfina Gómez, la hasta hace poco secretaria de Educación en el gobierno de su padre y candidata, otra vez, a gobernar el Estado de México. Gonzalo, a su vez, fue coordinador de Morena en Tlaxcala. Andrés júnior, por su parte, estuvo en la campaña de su padre con Octavio Romero, que hoy es director de... Pemex. Todo queda en familia, sí. Y los negocios crecen: los tres López se han extendido al terreno de los refrescos y las cervezas artesanales. Cualquier día vemos una Licuachela Rocío, a 175 pesitos la dosis.

Como sea, el gobierno federal podría tener una iniciativa más firme y crear los Chocolates del Bienestar. ¿Qué tal que cada empleado del gobierno federal y de los gobiernos estatales bajo fuero morenista tuviera que aportar una cuota mensual para adquirir unos chocolatitos? La persona ideal para coordinar el proyecto ya está en el gobierno y podría aportar su experiencia. Delfina Gómez, después de todo, ya fue juzgada culpable por cobrarles cuotas a los empleados del gobierno que encabezaba en Texcoco.

JP

ANUNCIÓ QUE SE PAGARÍAN LOS PREMIOS DE 20 MILLONES DE PESOS.

¡LOTERÍA!

Las rifas que el gobierno de la 4T anuncia con bombo y platillo son semejantes a las que se organizaban para reunir fondos para la fiesta de graduación, un viaje a la playa o para apoyar alguna causa, pero que al final, convenientemente, ganaba el organizador.

¿Quién no recuerda a ese pilluelo de Alejandro Gertz Manero, el fiscal carnal de nuestro presidente, cuando se presentó en la mañanera del 9 de febrero de 2020, muy ufano, orgulloso y sonriente, para entregarle un cheque —¿de quién?, ¡¿del Banco de la Ilusión?!— por dos mil millones de pesos que donaba al Instituto para Devolver al Pueblo lo Robado?

Al presidente le brillaron los ojitos y anunció que con esos recursos se pagarían los 100 premios, de 20 millones de pesos cada uno, de la rifa del avión presidencial. Dos años después, el 25 de febrero de 2022, supimos que todo había sido un montaje. Nuestro amado líder reconoció que tuvo que regresar el dinero porque le pertenecía al Infonavit y era parte de la reparación de un daño sufrido por el instituto.

El sorteo del avión presidencial —cuyo premio no fue el avión— brilló por su opacidad. Se imprimieron 6 millones de cachitos de la lotería, se vendieron poco más de la mitad, se recaudaron 1 823 millones de pesos y el pago de premios fue de 1 272 millones de pesos; luego de impuestos y comisiones, el gobierno obtuvo 264 millones que, en teoría, le dio al Insabi, aunque todavía nadie sabe dónde quedó la bolita.

Además fue una rifa en la que el organizador —o sea el gobierno— se ganó buena parte de los premios: 24 cachitos premiados no se vendieron; otros 16 cachitos premiados los compró la Lotería Nacional; los sindicatos mexicanos, hay que decirlo, tienen muy buena suerte: cinco premios cayeron en sus manos; 13 unidades hospitalarias y ocho escuelas también tuvieron boleto ganador.

Todos felices y contentos, salvo algunos casos, como el de 28 familias indígenas tzeltales de Ocosingo, Chiapas, que habían ganado uno de los premios, pero tuvieron que abandonar sus hogares porque un grupo criminal las amenazó por negarse a invertir el dinero del premio en armas de grueso calibre. La gente de Ocosingo solo vio cómo se esfumaron sus sueños de una vida mejor. Tampoco estarán muy contentos en los hospitales que siguen sin cobrar el premio. Que son casi todos: hasta febrero de 2022, solo tres lo habían recibido.

Pero como a los ojos de nuestro amado líder la rifa del avión presidencial fue un éxito, porque además lo conservó —aunque no sabe qué hacer con él—, les preguntó a sus colaboradores cercanos qué les sobraba por ahí, qué guardaban por allá, sobre todo, ¿qué había en el Instituto para Devolver al Pueblo lo Robado como para rifar? Y, una vez informado, volvió con conocimiento de causa por sus fueros.

En junio de 2021 anunció un nuevo superu tramaravilloso sorteo para el siguiente 15 de septiembre que incluía 22 premios, entre ellos un palco en el Estadio Azteca, un rancho, departamentos y casas en las zonas más calientes del país —no por la temperatura, sino por la violencia— y que el gobierno le había confiscado al crimen organizado.

La rifa no incluía seguridad ni guaruras ni seguros de vida para los ganadores. Quizá por eso se vendió menos del 40% del total de los boletos, que era de 2 millones de cachitos.

Pero nuestro presidente, siempre optimista, dijo: «Va un sorteo más», mismo que se llevó a cabo el 5 de diciembre de 2021 y en el que se rifó una casa y 200 lotes «rústicos con vocación turística y sin servicios», eso sí, frente al mar, localizados en la playa Espíritu, en el meritito estado de Sinaloa.

Los ganadores están organizando un sorteo para ver si sacan una lana suficiente como para motivar a las autoridades locales a que les pongan servicios públicos mientras se oye el grito de «¡Lotería!». Seguramente los organizadores, como es costumbre, serán los ganadores.

AR

A LOS OJOS DE NUESTRO AMADO LÍDER, LA RIFA DEL AVIÓN PRESIDENCIAL FUE UN ÉXITO.

SOLALINDE, A LA DERECHA DEL PADRE

LUEGO DE UNA VIDA DEDICADA A PROTEGER A LOS MIGRANTES, ALEJANDRO SOLALINDE ENCONTRÓ LA VERDAD. HOY PROFESA UNA NUEVA RELIGIÓN.

Los autores de este libro estamos considerando seriamente dirigirnos al papa o, dada la comprensible saturación de la agenda de su santidad, al menos a alguna otra muy elevada autoridad de la Iglesia, a alguien de las altas jerarquías, por razones de amor al prójimo y solidaridad cristiana: consideramos, y nos rompe el corazón, que uno de sus viejos compañeros de ruta, uno de sus hermanos, se está desviando del camino. Nos referimos al padre Alejandro Solalinde, que ha quitado los ojos de Dios para ponerlos en nuestro presidente.

¿A qué nos referimos? Tal vez sea mejor dejar que hable el padre mismo. ¿Recuerdan cuando empezaron los escándalos porque los uniformados del gobierno federal cargaban fieramente contra las caravanas de migrantes centroamericanos? Bueno, pues el padre, que antes de este sexenio se hizo famoso por su defensa férrea, sin regateos, de los migrantes (fundó el refugio Hermanos en el Camino), dijo [*sic*]: «He seguido apoyando y acompañando a los migrantes, pero, obviamente, no puedo apoyarlos en su derecho a ir al norte, porque tienen derecho a ir al norte, pero no puedo apoyarlos en este momento». En efecto, los migrantes, de pronto, están muy bien, siempre que eviten hacer una cosa: migrar. Y no deben hacerlo, suponemos, porque «Detrás de las caravanas migrantes hay mano negra. A Estados Unidos no le gusta el gobierno de México. Está utilizando migrantes para golpear a López Obrador».

¿Que López Obrador es más importante que los migrantes? Pues sí. Mucho más. Porque, dijo en otra ocasión el padre, «está siguiendo las enseñanzas de Jesús. Por eso, veo en Andrés Manuel rasgos muy importantes de santidad. Qué lástima que no lo valoren». Santidad, en efecto. Lo dijo hasta más enfáticamente en otra ocasión: «Es un hombre honesto y santo, lo santificó su acción; es un pastor laico que siempre está con su pueblo. López Obrador es amor». Por eso, por santo, es también más importante que Javier Sicilia. Cuando el poeta y activista decidió marchar a Palacio Nacional para exigir una estrategia de seguridad distinta, su «amigo» Solalinde, viejo compañero de activismo, dijo que ni hablar de acompañarlo. Que es «lamentable que se oponga al régimen que lucha por la paz, como fruto de la justicia». El presidente también es más importante que las organizaciones feministas: «Dejemos el infantilismo y las protestas inútiles, y ayudemos al gobierno», les dejó caer. Sin duda, es más importante que la familia LeBarón, víctima, conocidamente, de una masacre a manos del crimen organizado, en 2019, en la que fueron asesinadas nueve personas, incluidos varios niños y bebés, a tiros y quemados vivos. Cuando la familia pidió ayuda al gobierno de Estados Unidos, porque el mexicano estaba ocupado en otras cosas, el padre les espetó: «No se vale que la familia LeBarón vaya a pedir la intervención de un gobierno extranjero, cuando en México el presidente Andrés Manuel López Obrador le ha ofrecido el diálogo».

Sí, el padre Solalinde ha volteado la mirada: parece que encontró otro motivo de fe. A lo mejor es porque se siente parte del reino de los elegidos. «El paquete que nos dejaron los gobiernos anteriores neoliberales es terrible», dice cuando habla del gobierno de Andrés Manuel López Obrador, que al parecer, ese «nos» es también el suyo. ¿Sentado a la derecha del Padre, padre?

JP

185

GAS BIENESTAR: CARGA TUS TANQUES A PRECIOS POPULARES

GAS BIENESTAR, LA ENÉSIMA PARAESTATAL CONCEBIDA POR NUESTRO PRESIDENTE, TE PERMITE CARGAR TUS TANQUES DE GAS. LITERALMENTE.

Con una fuerza que se diría imposible en una mujer de 86 años aquejada de reumatismo, doña Chuy flexiona las rodillas, empuña el tanque de gas, lo recuesta sobre su espalda y se dispone a subir con él los cinco pisos que la separan de su departamento. ¿Por qué hace eso doña Chuy? Porque doña Chuy es beneficiaria de uno de los proyectos sociales estrella del presidente López Obrador: el Gas Bienestar.

A fines de agosto de 2021, el presidente anunció que una empresa pública entraría al quite: el gas estaba carísimo y el pueblo bueno sufría. Gas Bienestar daría un producto de calidad notable y a precios bajos. Primero en Iztapalapa, luego en otras alcaldías chilangas, luego en el resto del país y, quién sabe, luego tal vez en el mundo entero, siempre atento a las iniciativas del Líder, empezarían a repartirse cilindros de 20 y 30 litros.

Y sí, se repartieron.

¿Vio el pueblo bueno aliviados sus asuntos de dinero por esta iniciativa? ¿Se le ofreció un servicio bueno, bonito y barato? Con el permiso de nuestros amables lectores, ofrecemos una sucinta cronología que puede resultar ilustrativa.

Septiembre de 2021: el precio del Gas Bienestar aumenta en 92 centavos por kilo: este te sale en 21 pesos, contra los 18 de algunas gaseras privadas.

Noviembre de 2021: Gas Bienestar es ya el más caro de Iztapalapa, la alcaldía piloto. Puede costarte entre 25 centavos y siete pesitos más por kilo que con los conservadores, corruptos, avaros distribuidores del sector privado.

Febrero de 2022: los precios del Gas Bienestar son más altos que los de 10 gaseras privadas en otra de las alcaldías beneficiadas, la Álvaro Obregón. Tres meses más tarde, el presidente, en un prodigio de argumentación, dice que sí, que es verdad que el Bienestar sale bastante caro, pero que al menos distribuyen tanques llenos. Caros pero honrados, pues.

Abril de 2022: una nota del periódico *El País* nos avisa que en cualquier momento estalla un buen pedazo de Ciudad de México. Al parecer, con la urgencia de beneficiar al pueblo bueno, Gas Bienestar no tuvo tiempo de encontrarle una solución a la tremenda cantidad de tanques de gas obsoletos que se le iban a juntar cuando los cambiara por los tanques impecables, pintaditos, que lleva en sus camiones hasta la casa de doña Chuy. Así que miles y miles de esos tanques se acumulan en la antigua refinería 18 de Marzo, en Azcapotzalco. Resultado: un olor infernal, altas posibilidades de intoxicarse y la tensión de que en cualquier momento estalle ese bosque de cilindros. Estalle en serio: la refinería, según ciertas fuentes, almacena también hidrocarburos.

Fines de mayo de 2022: el titular del Ejecutivo dice que se va a tener que frenar la «expansión» de la empresa. Que por la inflación, es decir, justamente por aquello que se creó Gas Bienestar. Al mismo tiempo, se filtra a los medios una auditoría interna de Pemex, de fines de 2021, sobre facturas por 92 millones de pesos, que habla de «inconsistencias» en precios y descuentos, y una transparencia nula en los contratos. Aunque la auditoría llega más lejos: dice que la relación de Pemex con su filial gasificante implica «riesgos económicos, de mercado, financieros, de ejecución y negocio».

¿El frenazo a la expansión incluirá la casa de doña Chuy? Es de esperarse que sí. Doña Chuy se echa el tanque a la espalda porque, imaginamos que también por las prisas, a nadie se le ocurrió que el personal de Gas Bienestar debía subir los tanques hasta las casas de los compradores, como hacen todas las distribuidoras privadas. Hay dos posibilidades. Una, que la paraestatal creada por la 4T cambie su eslogan por uno más descriptivo: «Carga tu tanque de gas a precios populares», en el entendido de que, por añadidura, los precios populares son altísimos. La otra es que, como con varios otros proyectos obradoristas, y en atención a la espalda de doña Chuy, lo cancelen todo. Ya saben: «Por el bien de todos, primero los pobres».

JP

LA *PLAYLIST* DEL BIENESTAR

QUIZÁ EL MAYOR LOGRO DE NUESTRO JEFE MÁXIMO EN LO QUE VA DE SU SEXENIO ES HABER REIVINDICADO HISTÓRICAMENTE A ESE GRAN ARTISTA TABASQUEÑO, CHICO CHE, QUE POR DESGRACIA SE NOS ADELANTÓ, PERO CUYOS ÉXITOS «¿DE QUÉN CHON?», «¿DÓNDE TE AGARRÓ EL TEMBLOR?» Y «¿QUÉN POMPÓ?» RESUENAN DE NUEVO EN EL SALÓN TESORERÍA DE PALACIO NACIONAL.

LAS MAÑANERAS SE HAN CONVERTIDO EN UN SHOW CÓMICO-MÁGICO-MUSICAL CON KARAOKE Y PROGRAMA DE CONCURSOS.

Y qué mejor que haber resucitado a Chico Che y la Crisis —no nos referimos a la situación actual, sino al nombre de su grupo musical— en una mañanera, durante un arranque patriotero de macho mexicano para responder a las amenazas legaloides de los malditos gringos que siempre han abusado de nosotros.

Qué respuesta más clara, digna y contundente de nuestro presidente: «A ver, Chucho, ¿tienes por ahí el video de Chico Che para responderles a los gringos?». Y como si fuera el nuevo himno nacional, de pronto se escuchó: «Uy, qué miedo, mira cómo estoy temblando».

Y es que, si algo nos ha enseñado el presidente a lo largo de casi cuatro años en el poder, es que la vida es mejor cantando y muchas veces pontifica, alecciona, educa, cuestiona y reflexiona con música. Las mañaneras se han convertido en un *show* cómico-mágico-musical con karaoke y programa de concursos, como «La hora del aficionado», que tanto le gusta al presidente y a su gabinete.

Nuestro tlatoani canta «Pero sigo siendo el rey» cuando Liz Vilchis —cuyo tema favorito es «Mentiras»— le cuenta que la prensa lo criticó, y ya entrado en calor, lo mismo habla de los desaparecidos, las masacres, el huachicol, Loret o Brozo, que le pide a su fiel Chucho —su DJ de confianza— le ponga «Los caminos de la vida», como ocurrió a mediados de 2021. Pero como el jefe algo sabe de música, no pidió cualquier versión, pidió la que interpreta la Tropa Vallenata y recordó que esa canción les gustaba mucho a Monsi y a Gabo.

A veces nuestro presidente se pone denso, y en vez de solo dejarse llevar por la música, la politiza. Al grito de «¡Sigamos luchando!» y «Yo estoy aquí por el pueblo, no por el INE», en una ocasión pidió «No lo van a impedir», con Amaury Pérez, a quien el pasado 26 de julio de 2022 invitó a cantar en Palacio Nacional para celebrar el inicio de la Revolución cubana. Se emocionó tanto que se le puso el ojo Remi, porque, eso sí, ni los fifís ni los neoliberales ni los aspiracionistas ni los conservadores van a impedir el triunfo de la 4T. ¡Gracias, Amaury Pérez!

En el karaoke de Palacio Nacional han sonado Armando Manzanero con «Adoro» —que viva el amor—, Juan Gabriel y Rocío Dúrcal con «Déjame vivir», Joan Manuel Serrat con las canciones «Para la libertad» y «Disculpe el señor» —¡ojo!: canción sin mensaje social no es canción—, y, por si fuera poco, Eugenia León ha cantado en vivo en el día de las cabecitas blancas, como se le decía al Día de las Madres en otros tiempos.

Al grito de «¡Vivan los migrantes!, ¡vivan sus remesas!, ¡y que se queden en EU nuestros paisanos!», nuestro querido tlatoani le ha pedido a su DJ dedicarles algunas canciones, ya que sostienen económicamente a su gobierno, y es así como hemos escuchado

NUESTRO TLATOANI CANTA «PERO SIGO SIENDO EL REY» CUANDO LIZ VILCHIS LE CUENTA QUE LA PRENSA LO CRITICÓ.

«Lamento borincano», con Marco Antonio Muñiz, y «Somos más americanos» y «América», con los inigualables Tigres del Norte.

En otros momentos, el presidente no canta, pero cita la letra de grandes composiciones como si fueran frases patrióticas inscritas en letras de oro.

Por eso, a nadie le extrañó que pidiera a Chico Che para responderles a los gringos, porque en otra ocasión, al referirse a los corruptos y materialistas neoliberales que se llenaron las bolsas de dinero y de bienes materiales, lanzó la pregunta: «¿Quén pompó?». Bartlett aún no responde.

Ojalá pronto escuchemos otros géneros, veamos a los miembros del gabinete perreando —no solo por su hueso—, cantemos a coro la «Tusa», el «Bebito fiu fiu», las canciones de ardido de Nodal, las clásicas de Alejandro Fernández y uno que otro narcocorrido para ratificar que, en Palacio Nacional, siempre habrá un abrazo y una canción para los narcos y nada de balazos.

Si no has podido participar en el karaoke presidencial —que ya incluye los éxitos de Chico Che—, ¡tenemos buenas noticias para ti! Ya está disponible la *playlist* del bienestar: «Nuestro amado líder». Bueno, en realidad no se llama así. El fiel Chucho subió a Spotify todas las canciones de la mañanera y las encuentras como «Música en la conferencia matutina y algo más». Seguramente el anticlimático título de su lista de canciones fue obra de Liz Vilchis.

Descárgala, reúne a tu familia, invita a tus amigos, organiza una cena romántica con el amor de tu vida y después ponte a cantar, como seguramente lo hace la familia presidencial en el departamento de Palacio Nacional o en la casa de Houston.

Y como *bonus track*, una gran sorpresa: Beatriz Gutiérrez Müller, la no-primera dama, ¡caaaaanta así...! Atrévete a escucharla interpretar «El necio», de Silvio Rodríguez; será algo verdaderamente inolvidable.

Si ya tienes la Cartilla Moral, si imprimiste los decálogos del presidente y guardas sus consejos sobre el cuidado de la salud, no puedes perderte su *playlist* del bienestar. La 4T y la vida son mejores cantando.

AR

«¿PUES CUÁNTA LONGANIZA SE ESTÁ COMIENDO EL PRESIDENTE?».

LA LONGANIZA MÁS CARA DEL MUNDO

EN PALACIO NACIONAL *NO ESCATIMAN*. AQUÍ, LAS PRUEBAS.

A muchos se nos heló la sangre, hay que decirlo. En la lista de gastos de Presidencia que difundió el senador panista Julen Rementería, lista cuyo nombre oficial era «Programa anual de adquisiciones, arrendamientos y servicios del sector público 2019», estaba incluido el rubro «Longaniza: 335 782 pesos». Con todo respeto y pureza de espíritu, sin dobles sentidos ni insultos a la investidura, fuimos no pocos los que nos preguntamos: «¿Pues cuánta longaniza se está comiendo el presidente?». Es decir, todos sabemos que el titular del Ejecutivo tiene buen diente y que lo suyo, lo suyo, es la combinación sublime y viril de carbohidratos con grasas animales de las densas, esas que escurren por el antebrazo como una gota de pintura cuando empuñamos el taco, pero ¿300 y pico mil en longaniza? Fuimos legión los que, preocupados por el destino del país, soñamos con encontrarnos al presidente y preguntarle: «Con todo respeto, señor, ¿y la cardiopatía?».

Pero fue una falsa alarma. No se trataba de la cantidad de longaniza programada para los fogones de Palacio Nacional, sino, es de suponerse, de la calidad de la misma. Porque bastaba poner un poco de atención para darse cuenta de que los 300 y cacho mil eran para 20 «unidades» de longaniza, es decir, para un producto que se cotizaba a 16 mil y pico de pesos el kilo. Si consideramos que el precio promedio de ese

¡EN PALACIO SE COME SOPA DE ESTRELLITAS!

manjar 100% pueblo bueno oscila entre los 70 y los 90 pesos en el supermercado de tu preferencia, nos daremos cuenta de que los puercos que entregaron su vida para que nuestro hombre en Palacio disfrutara unos huevitos revueltos deben haber tenido una vida muy feliz.

Ahora bien: no era solo la longaniza. El mismo documento divulgado por Rementería consignaba que el paquete de 500 servilletas para limpiarse los residuos de cerco le había salido a la ciudadanía en casi 300 del águila (como se decía en los tiempos jóvenes del presidente); que el jamón de pavo, igualmente feliz que el puerco, estaba en tres mil y fracción; que la cajita de cerillos para prender la estufa salía en 1 200 m.n.; que una «pasta para sopa de estrellita» —¿no les da ternura, imaginar al presidente comiendo sopa de estrellitas?— estaba casi en 2 200, y que la cereza roja en almíbar estaba cara, a algo más de 5 600 pesos, pero menos que la verde, a algo más de 18 mil. Si nos disculpan la digresión, nos pasa lo mismo que suponemos que les pasa a ustedes, lectoras, lectores: nunca imaginamos que el presidente comiera cerezas en almíbar. Pero resultan más desconcertantes los refrescos. ¿Por el precio? Bueno, sí, un poco: 335 por lata está pesado. Lo más desconcertante, sin embargo, es que el presidente se refirió alguna vez al chesco como «agua puerca» (pueden confirmarlo en la crónica de su visita al trapiche en la página 122 de este libro). En cambio, nada que reprocharle a la nieve de limón de tres mil el litro. Como lo sabe todo *gourmand*, nada mejor que un sorbete para enjuagarte el paladar luego de cinco tacos de longaniza.

Menos mal que al presidente no parecen gustarle el jamón ibérico, el *foie* y el caviar. Eso pondría seriamente en duda los principios de austeridad republicana que rigen a la Cuarta Transformación de la vida pública.

JP

¡ABUTARGADOS!

¿SE IMAGINAN UNA BOTARGA DE MARIO DELGADO? NO EN UNA PESADILLA, SINO EN LA VIDA REAL. HAY *ALGUNOS MALORAS* QUE DICEN QUE DELGADO ES LA *BOTARGA DE SÍ MISMO*, PERO NO. EN SEPTIEMBRE DE 2020, SUS PARTIDARIOS Y AMIGOS *LE MANDARON HACER UNA* Y LO RECIBIERON CON ELLA EN VERACRUZ, CUANDO ANDABA EN CAMPAÑA PARA OCUPAR LA DIRIGENCIA DE MORENA. *«NO ME DEFIENDAS, COMPADRE»*, PUDO HABER DICHO MARIO CUANDO VIO QUE SU BOTARGA LE HACÍA FLACO FAVOR: *ERA IGUALITA A ROCKY* DESPUÉS DE LA MADRIZA QUE LE PUSO APOLLO CREED EN EL RING.

LAS BOTARGAS HAN SIDO UNA ESPECIE DE ARMA SECRETA DE LA 4T.

La 4T cree en el poder de las botargas. En varios mítines a favor de la reforma eléctrica y la revocación de mandato aparecieron botargas del presidente López Obrador y de Claudia Sheinbaum —que resultó favorecida—, durante la campaña a la gubernatura de Guerrero que ganó Salgado Macedonio, perdón, la hija de Salgado Macedonio, usaron la botarga de un toro por aquello de su frase «¡Hay toro!»; los partidarios de Layda Sansores le hicieron la suya cuando andaba tras la gubernatura de Campeche y, hay que decirlo, la botarga era mucho más agraciada que la propia candidata de Morena.

Y como lo que hace la mano, hace la tras, la Secretaría de Salud decidió usar las botargas del bienestar para combatir el covid.

—¡Maestra, maestra! Mi papá es Pandemio y mi mamá es Vacuna.

—¿Pandemio y Vacuna? —preguntó la maestra, algo desconcertada.

—Sí, maestra —respondió Andresito emocionado, como si hablara de los más grandes superhéroes de a historia—. Mis papás son botargas del bienestar con las que el gobierno invita a la gente a vacunarse y todos los días se levantan muy temprano a cumplir con su misión.

Andresito no bromeaba. A lo largo de 2021, la Secretaría de Salud lanzó varias campañas caracterizadas por su alto grado de sofisticación en el terreno de la comunicación social —básicamente, le copiaron el modelo al doctor Simi con su conocida botarga—, con el fin de promover la vacunación, combatir el coronavirus y acabar con la comida chatarra.

De los creadores de «El covid se cura con un té, paracetamol y Vick VapoRub» y «Yo no vacunaría a mis nietos», del secretario Alcocer, o «La pandemia nos cayó como anillo al dedo», frase en letras de oro de nuestro presidente, o «El cubrebocas sirve para lo que sirve y no sirve para lo que no sirve», de la impecable lógica de López-Gatell, llegaron para quedarse las botargas del bienestar.

Al menos en la Ciudad de México, miles de mexicanos tuvieron la inmensa felicidad de encontrarse con Vacuna, una vaca; Pandemio, un oso panda; Bongo, un chango, y Pilita, botarga de un niño que había debutado, tiempo atrás, en el programa de acondicionamiento físico del gobierno capitalino Ponte Pila.

Las cuatro fantásticas botargas tenían la misión de atizar el ambiente en los centros de vacunación, así que mientras los asistentes esperaban su turno, aparecían Vacuna o Pandemio y ponían a bailar a la gente, improvisaban algunos ejercicios e incluso llegaban a cantar. Era divertidísimo, y la alegría de los asistentes se notaba en las imágenes que salieron en la prensa nacional.

Las botargas han sido una especie de arma secreta de la 4T. La gente de Morena cree sinceramente que provocan emoción en la gente. Y así como Vacuna y Pandemio hicieron de la suyas, no tardamos en ser testigos de la botarga del coronavirus, que debutó en un anuncio de la Secretaría de Salud, en el cual se acercaba con sigilo a una persona sentada en una banca frente al lago de Chapultepec y ¡zaz! le metía un zape marca diablo para contagiarlo.

A lo largo del anuncio, la botarga del coronavirus perseguía a los niños, a sus papás, a los abuelos, pero sobre todo a esos abominables seres humanos que compran comida chatarra. Sin embargo, la 4T enviaba un ejército de botargas para vencer al mal: los alimentos naturales de México.

«Gracias a nuestro contenido de vitaminas, minerales, proteínas y nutrientes, evitamos que crezca el virus», exclamaba una guayaba rebanada. También aparecía una abejita, una manzana y uno que otro villano: una botella de refresco y una sopa instantánea.

Muchas botargas, muchos alimentos nutritivos, muchos remedios caseros, pero en las campañas de la Secretaría de Salud nunca aparecían las recomendaciones de la Organización Mundial de la Salud: ninguno de los personajes salía usando cubrebocas, nadie se lavaba las manos y nadie señalaba que comer sano es bueno, pero que la vacunación es imprescindible.

Como sea, botargas van, botargas vendrán, pero yo siempre me quedaré con la de Mario Delgado.

AR

CUADRO DE HONOR DE LA 4T

NOMBRE: JOSÉ PEÑA MERINO, ALIAS PEPE MERINO; PEPE MAROMAS; PEPE IVERMECTINO; EL PLANAS

CARGO: TITULAR DE LA AGENCIA DIGITAL DE INNOVACIÓN PÚBLICA

ANTECEDENTES: Salvo algún golpe en la mesa deveras fuerte en los próximos dos años, se le recordará por participar en el proyecto para suministrar masivamente un medicamento contra los piojos para combatir el covid, sin avisarles a los pacientes, varias decenas de miles: la ivermectina. Antes, se convirtió en un referente de las redes sociales por su voluntad de retorcer los argumentos hasta extremos impensables con tal de defender al presidente. En 2018 mandó a los ciudadanos a que llenaran planas con la frase «Bajo un mando civil» porque la Guardia Nacional tendría un mando civil y no sería militar. Corte a: la guardia nacional ya es parte de la Secretaría de la Defensa Nacional.

FRASE CÉLEBRE:

«BAJO UN MANDO CIVIL. TRES PLANAS».

UNA VACUNA CASI MEXICANA

PATRIA, LA VACUNA DEL GOBIERNO MEXICANO, NO ES DEL GOBIERNO, NO ES MEXICANA Y, PROPIAMENTE, NO ES UNA VACUNA.

> LES PUEDO PRESUMIR QUE LA JERINGA YA ESTÁ LISTA Y ESA SÍ ES MEXICANA.

AG

—Entonces, ¿ya vamos a tener vacuna mexicana, Mari?

—Sí, presidente. La Patria.

—¿Tenemos una fecha estimada? Iba a estar lista a fines del año pasado. Necesito decir algo en la mañanera.

—Pues fecha, fecha, no, presidente. Pero ya estamos probándola con humanos.

—¿Con cuántos humanos?

—Bueno, propiamente probándola, no. El neoliberalismo hizo mucho daño y no se acercan los voluntarios, y los que se acercan no sirven porque andan muy bajos de anticuerpos. Se lo atribuyo al consumo de maíz transgénico. Pero tenemos una propuesta. Estamos pensando, presidente, que, junto con la Constancia de Situación Fiscal, tengas que enseñar un certificado de que te presentaste como voluntario o te bloquean el salario. Aunque Álex Gertz se ofreció a procesar a los que no vayan a las pruebas por crimen organizado. Esa es otra vía...

—No, cómo crees. Vienen las elecciones. No estoy tranquilo con lo que me dices, María Elena. Pero al menos podemos presumir de una vacuna cien por ciento mexicana.

—Eeeeh, casi, señor.

—¿Cómo está eso?

—En realidad es una tecnología desarrollada en Texas y Nueva York.

—Bueno, pero no es una vacuna neoliberal. La está desarrollando, con los americanos, el gobierno de la Cuarta Transformación de la vida pública.

—Esteeee... Más o menos, presidente.

—¿Cómo?

—En realidad, aquí, en México, la desarrolló una empresa privada. Pero sí le tengo un noticción. Casi no gastamos nada, comparado con lo que invierten las grandes farmacéuticas en estas cosas.

—¿Qué entiendes por «nada»?

—Ciento cincuenta millones de pesos, señor.

—¡Eso es muchísimo, Álvarez! Alcanza para varias pirámides en el Zócalo y un campo de beisbol en Cuba. Estamos en deuda con ese pueblo heroico. Me dieron una medalla...

—¿Quiere que renegocie nuestra participación, señor?

—Claro. Pero ya. Quiero poner una refinería en Cuba. Quién sabe: en una de esas, me ponen hasta una estatua.

—Lo voy a intentar, señor. Es que ya transferimos el dinero.

—Arréglelo, Buylla. Puede retirarse.

—Con permiso, presidente. Patria o muerte, venceremos.

—Adán, quiero que, en adelante, la Fiscalía General se encargue del Conacyt. Y dígale a Canel que si me pone una estatua, nosotros la pagamos. Que no sea a caballo. Ya se terminó el culto a la personalidad.

JP

COMPLOT

Y el complot se escucha así: «Y los periodistas, lo saben, lo saben; los neoliberales, lo saben, lo saben, y los complotistas, lo saben, lo saben... Es la BOA..., es la BOA...».

Jamás nos hubiéramos imaginado que «La boa», famosa cumbia de la Sonora Santanera, tuviera mensajes ocultos para derrocar al gobierno de la 4T. Solo eso nos faltaba, caray.

El asunto, en el peor de los casos, no es el complot, sino lo retro. Es como aquellos discos de los años ochenta en los que si tocabas una canción al revés podías escuchar mensajes satánicos, como el que venía en el tema «Games People Play», de Alan Parsons Project, que decía clarito: «Escucha, ahí viene el demonio, baby».

Pero ya lo dijo el presidente, y como siempre tiene la razón, debemos hacerle caso: desde 2020 denunció a un grupo siniestro, perverso e hipócrita que quiere impedir a toda costa el éxito de la Cuarta Transformación y el triunfo del bien. Ese grupo de conspiradores es BOA, siglas de Bloque Opositor Amplio —con un poco de imaginación le hubieran puesto Bloque Opositor AMLO, pero bueno.

Y como lo que dice el presidente lo aplauden sus secretarios, sus partidarios, sus ministros de la corte, sus gobernadores, sus fanáticos, sus feligreses y uno que otro despistado, toda la 4T decidió no volver a bailar nunca ese cumbión de la Sonora Santanera.

—Pero, señor presidente —pregunta una periodista durante la mañanera—, ¿sabe cuáles son los fines que persigue BOA? ¿Qué está buscando? ¿Tiene pruebas de que conspiran y complotean en su contra?

—¡Claro que sé lo que están buscando! Es un movimiento en mi contra; contra mi gobierno, contra la 4T. Imagínense, escribieron un documento que se llama «Rescatemos a México», en el cual esos miserables señalan que quieren quitarnos la mayoría en el Congreso para las elecciones de 2021. ¿Qué no ven el complot?

—Pero, señor presidente, ¿con las armas en la mano, con una revolución?

—¡No, en las urnas!

El problema es que el presidente tiene mucho tiempo libre. Entre las productivas reuniones de seguridad de la madrugada, las mañaneras, sus garnachas en el almuerzo, una que otra llamada a mediodía y la hora del macaneo, le sobra jornada y le da rienda suelta al ocio y a la imaginación —se rumora que ya prepara otro libro de ficción.

Hay demasiado ocio entre los particarios de la 4T, y el propio presidente ha alentado la paranoia complotista que rebasa las fronteras mexicanas, latinoamericanas, europeas, mundiales e incluso llega a otras civilizaciones extraterrestres, en las que seguramente también están fraguando un golpe blando —como lo ha llamado el jefe de doctrina de Morena, El Fisgón— o una conjura de las élites —como la llama Epigmenio *Rambo* Ibarra.

La historia de Morena y la historia personal de nuestro amado líder es una denuncia permanente contra todo tipo de complots inexistentes: chiquitos, medianos, grandes; complots económicos y políticos, de la prensa, de los intelectuales, de los empresarios, de los artistas, de los músicos, de los trabajadores, de los standuperos, de los comediantes, de los *influencers*, de los youtuberos, de las instituciones neoliberales, del INE, del INAI, del INAH, del CIDE, de la UNAM, del Poli, de Fox, de Calderón, de Peña Nieto —ah, no, perdón, Quique es amiguis de AMLO—, de Krauze, de Aguilar Camín, de Claudio X. González, del Parlamento Europeo, de la prensa internacional, del *New York Times*, de *El País*, de *The Guardian*, de los fifís, de los neoliberales, de la mafia en el poder, de los conservadores del siglo XIX, de los españoles, de los gringos, de la Iglesia católica, de los jesuitas, de los sacerdotes.

Y como lo que hace su alteza serenísima, hace la tras, todos sus gobernadores ya le compraron el remedio. Claudia Sheinbaum ha dicho que perdió media Ciudad de México en 2021 porque los conservadores conspiraron en su contra; que el escándalo de haber dado ivermectina a los capitalinos como si fueran dulces fue provocado por los conservadores; que el corto circuito en la línea 2 del Metro posiblemente fue un sabotaje. Y así, Miguel Ángel Barbosa en Puebla, Cuitláhuac García en Veracruz y otros que no dejan de cantar: «Y los periodistas, lo saben lo saben, y los complotistas, lo saben, lo saben... es la BOA».

AR

TOMA EL DINERO Y CORRE

COMO EN LA PELÍCULA HOMÓNIMA DE WOODY ALLEN, LA MÁS VELOZ DE NUESTRAS CORREDORAS AGARRÓ EL DINERO Y METIÓ EL ACELERADOR. NADIE LA HA ALCANZADO.

AG

ANA GABRIELA GUEVARA CUMPLÍA CON DOS REQUISITOS INDISPENSABLES PARA INCORPORARSE AL OBRADORISMO: CIERTA FAMA Y LA PREPARATORIA TRUNCA.

—Bájale a los requerimientos, compañero. Estamos hablando de una medallista olímpica. Es muy importante sumarla a la Transformación.

—¿Prepa?

—¡N'hombre! Se estaba entrenando con todo. ¿Cómo iba a tener tiempo de estudiar? Bájale más.

—Mmm... ¿De plano primaria? Sí, ¿verdad? Ya que lo dices, como que se not..

—¡No, tampoco! Esa te la regalan desde antes de que llegara la compañera Delfina a la secretaría. Secundaria, compañero.

Y lo consiguieron. Ana Gabriela Guevara, sonorense del año 77, medalla de plata en 400 metros en Atenas 2004, récord mundial en los 300 metros planos, triple medallista en los Iberoamericanos de Lisboa, campeona mundial en París 2003, secundaria concluida, también sabía de *sprints* salvajes en el terreno de la política: encargada del deporte en la administración chilanga de Marcelo Ebrard en 2008, fue candidata a delegada por la Miguel Hidalgo bajo los colores del PRD y, a partir de 2012, senadora. Sobre todo, cumplía con dos requisitos indispensables para incorporarse al obradorismo: cierta fama y la preparatoria trunca. Así que, con las modificaciones legales del caso debidamente cumplidas, se convirtió en titular de la Conade, la Comisión Nacional de Cultura Física y Deporte.

¿Qué tal su desempeño? Si tenemos que condensarlo en una frase, esta sería «rápido de piernas, como ella». En abril de 2022, nuestra Ana Gabi salió muy altamente calificada en la encuesta México Elige, que mide los niveles de corrupción de los funcionarios públicos. Los encuestados, en una palabra, dijeron que en ese terreno, el del dinero ajeno, compite con profesionales con el nivel de Manuel Bartlett y Alejandro Gertz Manero. No, no compite: gana. La plusmarquista de Nogales, Sonora, fue votada como la más corrupta entre 45 servidores públicos. No es difícil entender por qué. En la auditoría al primer semestre de 2019, se encontraron desvíos de recursos por algo más de 50 millones en la Conade. No era mucho. Mucho, los 100 millones desviados para el segundo semestre. ¿Cómo se desviaron esos fondos? Con empresas factureras, inexistentes, casi todas «domiciliadas» en Campeche. La cosa es que la Función Pública misma dijo que si unos 72 millones de pesos habían sido repartidos de forma turbia y discrecional, entre amigos de la corredora, otros nueve y pico, sin más, habían desaparecido. Más adelante, la dos veces medallista olímpica Paola Espinosa dijo que si no la convocaron para competir en los Olímpicos de Tokio 2020, fue porque se negó a publicar en sus redes una carta de apoyo a la titular de la Conade por el asuntito de los 100 millones. Una represalia, sí.

Tampoco lo ha hecho mal la compañera Guevara en adjudicaciones directas: más del 90% de los contratos firmados por la Comisión entre 2019 y 2021 se hicieron con ese procedimiento, lo que incluye el millón y pico de pesos en fotocopias. Se entiende, asimismo, que no alcance para becas. Nabor Castillo, medallista panamericano en judo, pasó de recibir 5 000 pesos a arreglárselas con 2 000, como todos sus compañeros. Ana Gabi llamó a estas quejas «berrinches».

Por supuesto, las adjudicaciones directas traen cola. El representante legal de la empresa Cocinas Industriales Multifuncionales de Calidad, S. A. de C. V., Carlos Donaciano Solórzano, dijo que Ana Gabi y uno de sus allegados en la Comisión le habían exigido el 15% de un contrato de algo más de 16 millones de pesos. Prueba de que los tiempos de la corrupción priista han muerto: la famosa «Ley del 10%» ha cedido el paso a la del 15. Ana Gabi nunca fue una corredora de distancia, pero no hay duda de que sabe llegar más lejos.

¿Ayuda a explicar la trayectoria funcionarial de la hija pródiga de Nogales que hayamos tenido el peor desempeño olímpico en muchos años? Porque nos prometió 10 medallas, el que hubiera sido un récord extraordinario sin los dineros del Fondo para el Deporte de Alto Rendimiento, desaparecido en esta administración, pero la caballada llegó famélica: cuatro bronces. También para eso tuvo una respuesta: «No compito yo», dijo nuestra atleta.

Sí, tiene piernas ligeras la titular de la Conade: no la alcanzan las consecuencias de lo que sea que haga. Eso también se entiende. En la carrera contra la corrupción, el único hombre más veloz que ella en este país, el presidente de la República, conocido como el Corredor Keniano, ha roto récords de velocidad, pero corriendo en reversa.

JP

LARGA VIDA A PEPE IVERMECTINO

LA CIUDAD DE MÉXICO, CIUDAD DE VANGUARDIA, DECIDIÓ ENFRENTAR EL COVID CON UN MEDICAMENTO PARA ANIMALES Y HUMANOS CON PIOJOS. AQUÍ LOS RESULTADOS.

Lo bonito de estudiar en universidades gringas de las de mucho prestigio, de las caras, esas en que se forman las élites, es que uno aprende a tratar al pueblo. Eso le pasó a José Antonio Peña Merino, más conocido como Pepe Merino, titular de la Agencia Digital de Innovación Pública del Gobierno de la Ciudad de México y, por alguna razón, convertido en algo así como un zar antipandemia cuando la embestida del covid, cosa que no es habitual en alguien que hizo Ciencias Políticas en el CIDE y con «estudios de doctorado» en Nueva York, también en el terreno de la politología. Debe haber sido por eso: porque sabe tratar al pueblo.

¿Cómo se debe tratar al pueblo? Como nos lo enseñó nuestro presidente: como una masa noble, íntegra, amorosa, pura como el alma de un niño que, sin embargo, necesita guías firmes que tomen decisiones por ella. Como un animalito al que hay que cuidar. El pueblo, pobre, no sabe ni lo que quiere ni lo que le conviene. No sabe, por ejemplo, cómo tratarse el covid. Y la manera de tratarse el covid, según lo que sabe el gobierno de la Ciudad de México, es con ivermectina.

A finales de 2020, el peor año de la pandemia, el gobierno de Ciudad de México decidió repartir «kits» entre unas 200 mil personas para tratar el covid. El kit incluía aspirinas, azitromicina, que es un antibiótico, e ivermectina, un medicamento altamente recomendado cuando eres un caballo, dado que nació como una droga con uso veterinario, o cuando tienes piojos. Bueno, piojos y algunos otros problemas: ciertos gusanos intestinales o rosácea, por ejemplo. Pero Pepe sabe, y eso basta. Así que les suministraron ivermectina a esos ciudadanos, sin decirles nada, porque en las universidades gringas aparentemente enseñan que al pueblo no hay que decirle más de lo necesario, no sea que se confunda, y luego hicieron otra cosa de esas que te enseñan en las universalidades gringas: un *paper*. Con Pepe a la cabeza, el gobierno de la ciudad escribió un estudio sobre el experimento con ese desparasitante, «La ivermectina y las probabilidades de hospitalización por covid-19: evidencia de un análisis cuasiexperimental basado en una intervención pública en la Ciudad de México», y lo publicó en SocArXiv, un portal con criterios, parece ser, bastante flexibles, puesto que, según explica el portal mismo, no tiene la política de retirar documentos publicados en su espacio. Pero el gobierno de la Transformación llegó para romper paradigmas. Por primera vez en su historia, SocArXiv decidió retirar una publicación: la de Pepe y compañía, justamente. Las razones: que el estudio contenía «información errónea» y que esta había sido recopilada de manera «poco ética».

Pepe calificó el descontón de SocArXiv de «colonialista» (nosotros tampoco entendemos por qué, lo decimos con toda la humildad de quienes no estudiaron en Estados Unidos) e «histérico». El problema es que la histeria y el colonialismo no se limitan a ese portal. Mucho antes, por ejemplo, ya había dicho que no, no debe usarse para el covid la ivermectina, nada menos que la Administración de Alimentos y Medicinas gringa. Tampoco aprueban su uso los Centros para la Prevención y Control de Enfermedades del mismo país, o sea la autoridad epidemiológica de los vecinos, ni la Organización Mundial de la Salud, ni la Agencia Europea del Medicamento, ni la Asociación de Médicos de, otra vez, Estados Unidos. De hecho, tampoco lo aprueba el gobierno federal: lo dijo nada menos que Hugo López-Gatell. Ah, casi lo olvidábamos: ni la farmacéutica que produce la ivermectina, Merck.

Al gobierno capitalino lo acusaron en varios frentes de hacer experimentos con seres humanos; lo acusaron de tratarlos como «ratones de laboratorio», más concretamente. Pero se trata de una injusticia y, más probablemente, de una campaña de desprestigio. Ciudad de México, según los números oficiales, suma algo más de un millón y medio de contagios y alrededor de 43 mil muertes, al cierre de este libro. Gracias al gobierno capitalino, muchos de ellos se fueron al otro mundo con el intestino limpio, sin piojos y, sobre todo, con una feliz ignorancia.

Larga vida a Pepe Ivermectino.

JP

207

LAS AMAZONAS DE GUERRERO

EVELYN COMO GOBERNADORA NO CANTA MAL LAS RANCHERAS.

EVELYN DELEITA A SU PÚBLICO CON «EL VIOLADOR ERES TÚ», DEDICADA A SU PAPÁ.

AG

EVELYN PONE EL AMBIENTE, SU VOZ Y ALGUNOS PASITOS DE BAILE.

Lo más notable de Evelyn Salgado Pineda, la actual gobernadora de Guerrero, no es su estrategia contra el narco, ni su combate a la pobreza, ni ser la «torita» —como le llamó su papi, Félix Salgado Macedonio, durante la campaña para a gubernatura luego de que él la perdiera por haber violado la ley, pero nomás poquito—; la cualidad más grande de Evelyn como gobernadora es que no canta mal las rancheras.

A ver, si eres madre y trabajas en el gobierno del estado, y para festejar tu día, el 10 de mayo, te ofrecer un bono de nueve mil pesos, barbacoa de pollo, sopa de espagueti, mezcal de sabores y cerveza, y lo único que debes hacer es aplaudir a la gobernadora a la hora del karaoke —y no pedirle el micrófono para cantar—, sin duda te rayaste. Además, en el evento del Día de la Madre, Evelyn se lució: tuvo de coristas a su hermana Liz, presidenta del DIF estatal, y a varias otras funcionarias.

No cabe duda, Evelyn sabe poner el ambiente. Ya desde su campaña electoral demostró que sus discursos eran bastante limitados, pero también dejó claro que podía poner al rojo vivo el templete con su voz y algunos pasos de baile. Seguramente, Evelyn quería ser cantante, pero se lesionó la rodilla y terminó de gobernadora.

Además, la gober sabe con qué empezar la fiesta: arranca a todo pulmón y sentimiento con esa gran canción que nos dejó Selena: «Como la flor» y de ahí pa'l real. Eso sí, este talento tiene un defecto, es tal su gusto por la cantada que se convierte en la típica amiga que siempre insiste en ir al karaoke, anima a todos, los convence y una vez ahí no suelta el micrófono y termina con su propio concierto, pero eso sí, espera tu caluroso aplauso.

Además de Evelyn Salgado, el estado de Guerrero cuenta con otra amazona de Morena: Abelina López Rodríguez, presidenta municipal de Acapulco, conocida desde hace algún tiempo como «la Transformer», y no porque haya transformado la vida pública de los acapulqueños ni logrado restablecer la seguridad en el otrora glamoroso y festivo puerto —donde el derecho de piso ya es parte del atractivo turístico—, sino porque su conocimiento acerca de las causas de la violencia y de la ley son dignas de un doctorado *honoris causa*.

Abelina alcanzó fama universal cuando respondió que una de las causas de la inseguridad y la violencia desatadas en tierra caliente se debía exactamente a eso, «a la calor» [*sic*], y al consumo de carbohidratos, porque «cuando uno trae una mala alimentación, si come más carbohidratos, se acelera». Respaldada por importantes investigaciones científicas, también afirmó que «la calor incrementa la violencia en México y el mundo».

Pero eso solo era el principio. Durante los primeros días de febrero de 2022, los Transformers dejaron la pantalla grande y se hicieron presentes en la caseta de Palo Blanco de la Autopista del Sol. Para bien y para mal, coincidieron con un grupo de normalistas de Ayotzinapa que intentaban bloquear el paso, una vez más, para hacerse de recursos para sus chuchulucos.

Como pocas veces ha ocurrido en este sexenio, llegó la Guardia Nacional para impedir el bloqueo y estalló el zafarrancho, máscara contra cabellera, técnicos contra rudos, y en lo más álgido de la batalla campal, los estudiantes se apoderaron de un tráiler comercial y lo dirigieron sin frenos ni conductor contra los elementos de la Guardia Nacional. Aunque lograron esquivar el tráiler asesino, al final de la refriega 14 miembros de la Guardia quedaron lesionados con contusiones, quemaduras en el cuerpo y fracturas.

Tocó el turno de Abelina, la mejor en las artes del buen gobierno. La prensa le preguntó si habría acción penal contra los normalistas y su respuesta fue un portento de erudición legal:

> En términos estrictamente legales, el tráiler iba circulando en punto muerto, sin conductor, por ello, no hay a quién acusar, pues tampoco hay evidencia de qué individuo particular provocó esto. Como el tráiler arrojado contra los elementos de la Guardia Nacional no traía chofer, no hay delito que perseguir.

Lo cierto es que Abelina no lo quiso revelar, pero todos supimos que, si el tráiler se manejaba solo, no había que seguir buscando: era un transformer. La tuitera @NashBaptiste no pudo ser más clara:

> Me molesta mucho que se atrevan a decir que Optimus Prime chocó contra la Guardia Nacional, porque es obvio que fue un decepticon, Optimus jamás atentaría contra la vida de los civiles.

Y en eso estamos de acuerdo. Por lo pronto, los guerrerenses no pueden estar en mejores manos que en las de Evelyn y Abelina: dos mujeres, un camino.

AR

CUADRO DE HONOR DE LA 4T

NOMBRE: JESÚS RAMÍREZ CUEVAS, ALIAS EL OTROSDATOS

CARGO: VOCERO DE LA PRESIDENCIA Y CADENERO DEL SALÓN TESORERÍA

ANTECEDENTES: Chucho es el vocero de los otros datos del presidente, su fiel escudero, el desinformador, DJ en las mañaneras, el que proyecta los videos, el cadenero de antro que deja entrar a los reporteros a modo y les da los lugares de privilegio, el que escribe y siembra las preguntas para golpear a los periodistas que critican al presidente, el que diseñó el «Quién es quién en las mentiras de la semana», el que criticaba la militarización del país en sexenios anteriores, pero ahora la aplaude. Le gusta escribir «hascienden» en lugar de «ascienden».

FRASE CÉLEBRE:

«TRAICIÓN A LA PATRIA: NO VOTAR POR LA REFORMA ELÉCTRICA».

UN SEXENIO DE FILDEO Y MACANEO

LA AUSTERIDAD REPUBLICANA TIENE SUS EXCEPCIONES. LA MÁS IMPORTANTE DE ELLAS: EL BEISBOL.

EL PRESIDENTE DE MÉXICO, QUE NO LLEVA MÁS DE 24 HORAS EN EL CARGO, VE LA MESA REPLETA DE COLABORADORES, TODOS MUY PERIPUESTOS, CON ESAS GUAYABERAS Y ESOS TRAJES BRILLOSOS, HOLGADOS DE HOMBROS Y MANGAS Y TENSOS EN EL ABDOMEN, Y SE ARRANCA: «DE UN HOMBRE SUPERIOR SE ESPERA ENTUSIASMO. ¿SABEN QUÉ ME ENTUSIASMA A MÍ? ¿SABEN QUÉ ADMIRO? ¿QUÉ ME PROVOCA ALEGRÍA?», PREGUNTA. ENTRE RISAS Y MANOTAZOS COMPLACIDOS EN LA MESA, LOS SUYOS RESPONDEN. «¡LA COMIDA!», GRITA MARCELO EBRARD, MIENTRAS SE DESABROCHA EL SACO PARA HACERLE LUGAR A OTRO TAMALITO. «¡LA MÚSICA!», GRITA CHUCHO, MIENTRAS ADIVINA QUE EL PRESIDENTE VA A TENER UNA MAÑANERA DE TROVA AL DÍA SIGUIENTE. «¡EL ALCOHOL!», AÑADE ALGUIEN QUE CLARAMENTE NO CONOCE A NUESTRO LÍDER, CON ESAS COSTUMBRES DE CORREDOR KENIANO: SU CUERPO ES UN TEMPLO Y ASÍ LO CUIDA. «¡LAS MUJERES!», GRITA SALGADO MACEDONIO CON LOS OJOS DESORBITADOS Y SIN REPARAR EN LA MIRADA FURIOSA DE BEATRIZ GUTIÉRREZ MÜLLER, EN UN SEGUNDO PLANO. SONRIENTE, EL TITULAR DEL EJECUTIVO TRAZA UN «NO» EN EL AIRE CON EL DEDO ÍNDICE, VOLTEA A SU DERECHA Y LEVANTA UN LUSTROSO, PESADO, ELEGANTE BAT DE MADERA. «EL BEISBOL», DEJA CAER.

«NO ES POR PRESUMIR, FÍJENSE, ES TANTO EL AFECTO QUE LE TENGO AL BEISBOL, QUE TODAVÍA JUEGO Y MACANEO, Y ESTOY BATEANDO ARRIBA DE 300».

El compañero Gerardo Fernández Noroña, que sí vio *Los intocables*, ese peliculón de Brian De Palma en que Robert DeNiro (Al Capone) le revienta el cráneo a un colaborador díscolo, deja caer un chorretón de salsa en la camisa bordada mientras, instintivamente, encoge los hombros, en un intento de protegerse. Sabe lo que viene: una diatriba contra las conductas individualistas en el obradorismo. Pero el golpe no llega, al menos no todavía. El presidente sigue: «El hombre que está solo en el plato, el del macaneo, busca un logro personal. Los demás tienen que ser un equipo. Trabajar en conjunto», añade, filosófico, más escueto que Capone, pero no menos preciso, el dueño de los destinos de la patria.

Al presidente, excepción hecha, si acaso, de las fritangas y luchar por el pueblo, lo que más le gusta es el beisbol, deporte muy popular en su Tabasco natal, ese edén. Vaya que le gusta. Nada más tomar el poder, el Bambino de Oro de Tepetitán anunció que se invertirían 500 millones de pesos anuales en promover su deporte favorito. Más aún, se creó una institución dedicada a esos menesteres: la Oficina para la Promoción y Desarrollo del Beisbol en México, con Édgar González, un ligamayorista, al frente de esta. El gobierno federal recortaba gastos al por mayor, por aquello de la austeridad republicana, pero caray, ciertas cosas no se tocan.

No se tocan, hay que subrayarlo, nunca. El beis tuvo en 2019 cinco veces más recursos, por ejemplo, que el programa para impulsar el trabajo justo entre las mujeres: 350 millones contra 60 y piquito. Hay que sumarle lo que el gobierno decidió invertir en un parque de pelota en Sonora el año siguiente, en 2020, o sea, en plena pandemia: 500 y fracción. Tampoco hubo vacas flacas en 2021: 700 y pico millones, 400 y cacho para renovar seis estadios y 89 más para un parque en Chiapas, parque en el que juega el equipo de un tal Pío López Obrador, hermano del Gran Cuarto Bat de la Nación.

Pero no es solo una cuestión de dinero. Una de sus primeras experiencias difíciles de gobierno fue ir a la inauguración del parque de los Diablos Rojos, donde resistió un abucheo inesperado y prolongado. Por las mismas fechas, el presidente impulsó que los empresarios sinaloenses revivieran un equipo ya cancelado, los Algodoneros de Guasave. Además, publica constantemente videos en los que aparece «fildeando y macaneando», incluso en las situaciones más adversas, para que se vea que un mexicano verdadero no se quiebra nunca, y que un mexicano verdadero es el que juega beis. Así, hubo varios videos en la misma pandemia, cuando el confinamiento, igual que se fue a jugar después de que le practicaran un cateterismo en el Hospital Militar. Y, cómo negarlo, nos ha regalado momentos extraordinarios, como ese en el que, solito, narra el juego, como un Nerón niño que juega mientras el país se incendia: «El cuarto en el orden, Andrés Manuel López Obrador, dispara una línea por tercera», se escucha, más o menos. O el otro momento en que no le reventó el cateterismo, no, gracias a Dios, pero sí el tejido muscular de una pierna, y llegó cojeando a la base, con un desgarre.

Sí, al presidente le gusta el beisbol. Por eso, aquel día, metió el bat a una bolsa, junto al guante, la gorra y el resto del equipo, instruyó a sus colaboradores que se encargaran de asuntos como la seguridad o la distribución de medicamentos, y se fue a alcanzar un logro individual a alguna de las canchas de Ciudad de México.

El compañero Fernández Noroña, recuperada la tranquilidad, se sirvió otra tlayuda.

JP

POR LOS BIGOTES
DE MI GENERAL

—A ver, Ricardo, tú que sabes diseñar, aquí del lado derecho, abajito de las siglas del AIFA, debajo de la F y del ala del avión, ponle un mamut.

—¿Un mamut para ese antojo feroz, de rico malvavisco y cubierta sabor a chocolate?

—¡Qué bruto eres, Ricardo, deveras! No me refiero a la galleta, quiero un verdadero mamut, grandote, con sus colmillotes, todo lanudo. No lo pongas de frente porque se perdería en el diseño, mejor de tres cuartos, para que pueda apreciarse bien.

Minutos más tarde, Ricardo se acercó a su jefe y le enseñó el mamut, que se parecía más al elefante devorado por una serpiente de *El Principito* que a las bestias prehistóricas halladas en Santa Lucía.

—¡Qué bárbaro, Ricardo! No tienes ni idea del diseño, ni de la ilustración ni de nada, ¿verdad?

—No se enoje, la neta es que solo estudié diseño gráfico dos semestres, pero como soy 90% honesto, apliqué para el puesto.

—Sí, sí, entiendo, yo también soy de los «90% honesto», pero tenemos que presentar un logotipo que le haga justicia a una de las más grandes y maravillosas obras concebidas por un presidente mexicano, un logotipo en el que se refleje la grandeza de nuestro presidente, Andrés Manuel López Obrador.

Y así fue como, por la fabulosa cantidad de 3 126 pesos, el gobierno registró el primer logotipo del Aeropuerto Internacional Felipe Ángeles, que se filtró en abril de 2021. Y como la realidad siempre tiene otros datos, fue uno de los peores logos de los que se tenga memoria, porque ni siquiera podría haber entrado en la categoría de «échale ganitas».

Seguramente en los días previos al desarrollo del diseño, el jefe 90% honesto les dijo a sus achichincles: «A ver, compañeros de lucha, el logo debe tener todos estos elementos: las iniciales del aeropuerto, la torre de control, un avión, un mamut y un letrero que diga Aeropuerto Internacional Felipe Ángeles».

Los diseñadores se lo tomaron literal y solo vaciaron los elementos en el logo: la I de AIFA era la torre de control, las iniciales estaban cruzadas por las alas de un avión y bajo una de ellas el mamut. Fracaso total.

Pero, a todo esto, ¿por qué los mamuts? Para quienes no estén enterados, durante los trabajos de construcción del aeropuerto Felipe Ángeles se encontraron huesos de camellos, caballos americanos, armadillos gigantes, pero lo más asombroso fueron los 40 mil huesos de 480 mamuts que llevaron a los especialistas del INAH a afirmar que era el mayor cementerio de mamuts encontrado en América Latina. Santa Lucía se encuentra a orillas de lo que fue el lago de Xaltocan. Antiguamente, cuando bajaba el nivel de sus aguas, se convertía en una trampa mortal, pues el fango impedía que estos mamíferos pudieran salir.

Durante la construcción del aeropuerto comenzaron a aparecer huesos por aquí, huesos por allá, lo que significó uno de los hallazgos paleontológicos más importantes de los últimos tiempos en México. Por eso, quizá con el tiempo, cuando se analicen los seis años de gobierno de su alteza serenísima, este hecho será considerado el mayor de sus logros, porque de vuelos nacionales o internacionales mejor ni hablar.

Para fortuna de todos los mexicanos, ese intento de logotipo del AIFA fue desechado y en septiembre de 2021 se presentó el diseño definitivo. Más estético y sobrio: un par de alas delineadas e iluminadas con los colores de la bandera mexicana, pero como no podían faltar los mamuts, ni tampoco algo que hiciera alusión al general Felipe Ángeles —ese militar humanista que le dio forma a la División del Norte de Pancho Villa y defendió la democracia maderista hasta la muerte—, los diseñadores pensaron: «¿Cómo le hacemos... cómo le hacemos...?».

El 90% de honestidad volvió por sus fueros y el general Luis Cresencio Sandoval, secretario de la Defensa Nacional, señaló que los nuevos elementos del logotipo del AIFA son incluyentes: las alas de un avión, los colmillos de un mamut y la gran ocurrencia: los bigotes atusados de mi general Felipe Ángeles. Todo en un logotipo.

Pero más allá de los bigotes del general Ángeles, o los colmillos del mamut, o las alas de un avión en el logotipo, la 20th Century Fox y Blue Sky Studios, productores de la cinta *La era del hielo,* están interesados en rescatar los restos de tres de sus protagonistas que aparecieron en Santa Lucía: los de Manny, el mamut; los de Diego, un tigre dientes de sable que fue el único que encontraron, y los de Sid, un perezoso que también apareció en el cementerio de mamuts.

AR

217

BIENVENIDO, COMPAÑERO PRESIDENTE

EVO MORALES LLEGÓ, SE TOMÓ LA FOTO, FUE PIROPEADO Y SE FUE, EN SILENCIO, MENOS DE UN MES DESPUÉS. SIN DAR LAS GRACIAS.

Octubre de 2010. El número 10 de los verdes recibe un pisotón de un jugador del equipo amarillo, que fue por el balón no sabemos si con mera enjundia o con franca mala fe: el video es confuso y además los amarillos hace algunos meses ya que dejaron de ser aliados de los poderosos verdes en una guerra incluso más sucia que la del futbol, que es la política. El 10 de los verdes corre hasta el otro costado de la cancha y, sin más, usa la rodilla para propinarle al amarillo que lo pisó eso que en los tiempos jóvenes de los autores de este libro se conocía como «una deshuevada». El 10 de los verdes, dicho sea de paso, es amigo del hoy difunto diez de dieces: Maradona. Se trata del compañero presidente de Bolivia, Evo Morales. Los cínicos dirán que eso, su calidad de presidente, impidió que el árbitro lo expulsara, cosa que sí hizo con otros dos jugadores.

Diciembre de 2019. el compañero presidente Evo Morales llega a México desde Bolivia, al exilio, porque esa vez sí lo expulsaron, nada más que del país, bajo la acusación de que perpetró un fraude electoral destinado a alargar su presidencia otros cuatro años. Se le recibe por todo lo alto. El gobierno de México manda al pie del avión a su canciller, Marcelo Ebrard, y a un nutrido grupo de simpatizantes. Normal. Los mexicanos, cuando decimos «mi casa es tu casa», lo decimos en serio, y queríamos que el compañero presidente se sintiera así, en casa. Desde luego, le perdonamos lo de la deshuevada, que a fin de cuentas, conforme a los estándares de la Cuarta Transformación, es un tratamiento aceptable para un adversario político.

También le perdonamos que, en 2015, su gobierno canalizara a cuentas particulares los varios millones de dólares del Fondo Indígena, un caso sonado de corrupción. Como le perdonamos que violara los principios sacrosantos de la austeridad republicana: 36 millones de dólares destinó en 2014 a construir una nueva sede de gobierno, con helipuerto y todo. Como le perdonamos que una unidad del ejército compusiera un himno a su mayor gloria y que se filtrara la iniciativa de que, a partir de 2016, fuera obligatorio interpretarlo para todas las fuerzas armadas, en otra violación de un principio sacrosanto, que es el del fin del culto a la personalidad. Y le perdonamos, faltaba más, que lograra imponerse para un cuarto mandato, cuando la ciudadanía, en un referéndum, había votado contra esa posibilidad.

¿Hace falta decir que le perdonamos también que lo acusaran de sostener una relación con una niña de 14 años? Después de todo, aquí, en nuestra patria, abrir los brazos a líderes sociales acusados de acoso sexual, de agresión e incluso de violaciones es, desde el inicio del sexenio, cosa imbatida. Aunque propiamente, aquí perdonamos mucho desde 2018, y a muchas personas. Perdonamos que Nicolás Maduro desatara una represión brutal contra los manifestantes venezolanos y que Miguel Díaz-Canel en Cuba, encerrara en prisión a chicos de 15 años por protestar en las calles, y que Daniel Ortega se lanzara a reprimir a intelectuales y periodistas, o que, antes, violara reiteradamente a su hijastra cuando era menor de edad. ¿Por qué no perdonar a Evo? ¿Qué son unos milloncitos, un fraude y un estupro?

Queda ver, nada más, si al presidente Evo le perdonaremos la falta de modales. Porque los mexicanos somos muy delicados y el compañero, a menos de un mes de su llegada, sin ceremonias, despedidas conmovedoras ni cosa parecida, en un silencio casi absoluto, tomó rumbo a Argentina, por razones de veras dolorosas. Que se sentía más cómodo allá, dijo otro amigo de nuestro presidente, Alberto Fernández.

Y eso sí arde.

JP

219

LOS VILLANOS DE LA 4T

¡Qué villanos ni qué villanos! Ya quisieran Lex Luthor, el Guasón, el Pingüino, el Lagarto, el Doctor Octopus e incluso Thanos haber sido tan malos, perversos, siniestros y oscuros como los villanos mexicanos de última generación: los expresidentes de México.

A los ojos de nuestro gran tlatoani, el cerebro de la banda era Carlos Salinas de Gortari, el enemigo público número uno durante muchos años; el hombre que le dio forma a la mafia del poder, el que otorgó contratos sin licitaciones —como acostumbra la 4T ahora—, el que entregó la banca a sus cuates, el que llevó a México a la piedra de los sacrificios del neoliberalismo.

Pero ¿qué dicen de Zedillo? Con su mirada de «no rompo un plato» pero un alma perversa, convirtió las deudas privadas en deuda pública con su arma supersecreta: el Fobaproa, para que la pagáramos todos los mexicanos —como ahora pagamos la cancelación del aeropuerto de Texcoco—. O Vicente Fox, que perpetró el fraude electoral de 2006 que solo existe en la cabeza de nuestro jefe máximo López Obrador y de sus seguidores, quienes quedaron muy ardidos porque tenían la elección en las manos y la dejaron ir por los desplantes de nuestro hoy presidente de México.

Salinas, Zedillo y Fox eran la trinidad maldita hasta que llegó Felipe Calderón y les dijo «quítense que ahí les voy»; hombre malo entre los hombres malos, villano sin escrúpulos que le declaró la guerra al narco y convirtió al país en un cementerio. ¿Quién no sabía que Calderón es el responsable de todo lo malo que le ha sucedido a México desde 2006? ¿Quién no sabía que Calderón es más innombrable que Salinas y que ni siquiera nuestro amado líder se atreve a pronunciar su nombre porque es como invocar al demonio?

López Obrador sabía que, una vez en la presidencia, tendría que enfrentar a esos cuatro terribles villanos. Deberían ser cinco, pero lo cierto es que Peña Nieto se hizo carnal de nuestra alteza serenísima y hoy es el mexicano más feliz del mundo gracias a la 4T, mientras se pasea alegremente por Europa.

«Oh, espíritu de Juárez, ¿cómo puedo enfrentar a estos terribles villanos?», se preguntó nuestro presidente una vez instalado en Palacio. «Ya sé», dijo con aura de iluminado, «recurriré al pueblo, porque es sabio y bueno, y como yo ya no me pertenezco, sino que le pertenezco al pueblo, haré una consulta».

—¡Jesús! —le gritó con emoción el presidente a su vocero—, ven rápido, tengo una ocurrencia maravillosa. Hagamos una consulta para ver si el pueblo quiere que llevemos a juicio a los expresidentes. Mira, aquí hay 500 milloncitos que podemos usar.

—Señor, perdone mi atrevimiento —respondió Chucho—, pero si hay elementos para acusar a los expresidentes y contamos con las pruebas, con eso basta para enjuiciarlos y así nos ahorraríamos esos 500 millones. Además, sus malquerientes ya andan diciendo que «la justicia no se consulta».

—No hagas caso, Chucho, es un complot en mi contra. Anunciaré que haremos la consulta para juzgar a los expresidentes y que decida el pueblo. Ah, pero eso sí, de una vez te digo, yo no voy a participar porque ya los perdoné, como lo hice con Bartlett. «Perdón sí, olvido no».

El presidente redactó la pregunta de la consulta y le quedó bien suave. Contenía los nombres de sus archienemigos: Salinas, Zedillo, Fox, Calderón y, para taparle el ojo al macho, incluyó a su cuate Peña Nieto, pero la Suprema Corte de Justicia de la Nación le dijo que no podía personalizar la consulta porque era una violación a los derechos humanos.

Entonces los ministros de la corte, siempre tan lúcidos, le echaron la mano y rehicieron la pregunta de tal forma que la dejaron ininteligible: «¿Estás de acuerdo o no en que se lleven a cabo las acciones pertinentes, con apego al marco constitucional y legal, para emprender un proceso de esclarecimiento de las decisiones políticas tomadas en los años pasados por los actores políticos, encaminado a garantizar la justicia y los derechos de las posibles víctimas?».

Como sea, votaron poco más de 6 millones de ciudadanos a favor de juzgar a los expresidentes, aunque la pregunta ni los mencionaba. El presidente consideró un éxito su consulta de 500 millones de pesos. El medio británico *The Economist* señaló que la pregunta «pudo haber sido ideada por Cantinflas» y los villanos de última generación —nuestros expresidentes— vivieron felices para siempre.

AR

LA CUARTA TRANSFORMACIÓN DE LA VIDA PÚBLICA TIENE LOGROS IRREPETIBLES. YA TUVIMOS A UNA TITULAR DE LA SECRETARÍA DE EDUCACIÓN PÚBLICA EN FUNCIONES CONDENADA POR CORRUPCIÓN.

La campaña de descrédito contra el movimiento de transformación que lidera nuestro presidente no conoce límites, seguramente porque los conservadores están desesperados. Se repite una y otra vez que con la 4T la corrupción ha empeorado. Que si antes, con el PRI, los servidores públicos te daban un sablazo del 10% por cualquier puesto, licitación o permiso de obra, hoy ese porcentaje se ha disparado hasta 15 o incluso el 20%. Es una calumnia. Gracias a la extitular de la Secretaría de Educación Pública, la maestra Delfina Gómez Álvarez, hija pródiga de Texcoco, hemos podido constatar que el morenismo se mantiene firme en el 10% de toda la vida.

En enero de 2022, el Tribunal Electoral del Poder Judicial de la Federación ratificaba la sentencia previa del Instituto Nacional Electoral: cuatro millones de pesos de multa, centavos más, centavos menos, contra Morena, por retener ilegalmente 10% de los salarios del personal del ayuntamiento de Texcoco cuando doña Delfina, maestra de escuela lanzada a la política, dirigió los destinos de su ciudad natal, como jefa del gobierno local. No fue poca cosa. Los trabajadores tuvieron que cooperar con Morena entre 2013 y 2015. El dinero, siempre en efectivo, iba a una supuesta organización con fines benéficos, que en realidad financiaba al movimiento. Se calcula que así se enfilaron 13 o 14 millones de pesos hacia la causa.

Por supuesto, de lo que se trata aquí es del fin benéfico más elevado: construir la utopía. Y, sabemos, la utopía —la 4T, pues— es cara. Cara e inapelable: «No te quejes. Antes no tenías trabajo», respondía Delfina a los trabajadores que protestaban, para enseguida recordarles que o cooperaban, o se quedaban sin chamba. Por eso, el presidente de México decidió que la profe seguiría al frente de la SEP, cargo

LOS TRABAJADORES TUVIERON QUE COOPERAR CON MORENA ENTRE 2013 Y 2015.

que asumió en 2021, incluso cuando recibió sentencia de un tribunal. Ocurre que al presidente la maestra le parece una figura irreprochable. Su trayectoria la avala. Forjada en la brega sindical, llegó a la alcaldía de Texcoco por una cualidad muy valorada en este régimen: la obediencia. Texcoco lo gobernaba a través de ella Higinio Martínez, cacique del área que antes fue también, ahí sí, formalmente, presidente municipal de Texcoco. Bueno, lo gobernaban él y su familia. En el equipo de la profe estaban un tío de Higinio a cargo de Seguridad Pública, una prima como responsable de que la ciudadanía tuviera agua en su casa y la nuera en el DIF local, por ejemplo. Y no le vimos queja a Delfina. Y la recompensaron. Y llegó a diputada, luego a senadora y, por fin, a candidata a la gobernatura del Estado de México, que perdió. Pero que, sin duda, ganará. Hoy, Delfina es de nuevo candidata para la elección de 2023.

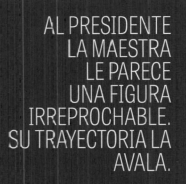

AL PRESIDENTE LA MAESTRA LE PARECE UNA FIGURA IRREPROCHABLE. SU TRAYECTORIA LA AVALA.

Cuando recibió la sentencia del Tribunal y la oposición, desesperada, exigió su cabeza, la maestra tranquilizó a su equipo con esta garantía: «el presidente me tiene cariño». No podemos dudarlo. Porque a Delfina se le perdona la corrupción, como se le perdona que conteste «nadien» durante una entrevista con Denise Maerker, como se le perdona que, en su calidad de primerísima responsable de la educación de nuestros hijos y nietos, haya reubicado las ciudades de Cananea y Hermosillo, normalmente situadas en Sonora: «Hoy que tuvimos la oportunidad de ir a Jalisco, de Jalisco de lo que es precisamente Hermosillo, pues son precisamente cuatro horas a la comunidad de Cananea, y tuve la oportunidad de ir a las escuelas y de veras se queda uno asombrado», dijo ante el Senado a poco de tomar posesión.

Delfina, así y todo, en medio de la guerra sucia, siguió en el cargo, hasta que la llamó un destino más alto. A los conservadores que no les parezca, una sugerencia: lárguense de México. A París, España, por ejemplo.

JP

UNOS TACOS DE CARNITAS

SI LOS MEXICAS SE ECHABAN SUS TAQUITOS DE LENGUA, TRIPA Y BUCHE DE TLAXCALTECA RECIÉN CAPTURADO, ¿POR QUÉ LOS ESPAÑOLES NO PODRÍAN HABER CELEBRADO LA CAÍDA DE TENOCHTITLAN CON UNOS TACOS DE CARNITAS Y HARTO PULQUE? AUNQUE ES POSIBLE QUE, COMO ERAN FIFÍS, LE HUBIERAN HECHO EL FEO A LA BEBIDA DE LOS DIOSES Y EN SU LUGAR BEBIERAN VINO.

NOS *FALTARÁN SIGLOS* PARA AGRADECERLE AL GOBIERNO DE LA 4T EL CÚMULO DE LIBERTADES QUE NOS HAN DADO DÍA CON DÍA, Y UNA DE ELLAS ES LA LIBERTAD PARA REESCRIBIR, INVENTAR, *EXAGERAR Y DISTORSIONAR LA HISTORIA.*

Pero, al parecer, los tacos de carnitas de los españoles sacan de quicio a la —vamos a decir— artista y, hasta hace algunos meses, senadora de la República Jesusa Rodríguez, que se lanzó con todo en contra de uno de los mejores remedios para la cruda que, esa sí, no tiene nacionalidad.

Nos faltarán siglos para agradecerle al gobierno de la 4T el cúmulo de libertades que nos han dado día con día, y una de ellas es la libertad para reescribir, inventar, exagerar y distorsionar la historia. Cuántos años de talento desperdiciado, oculto en Morena, que ahora aflora por todos lados casi con la seriedad de Heródoto bajo la inspiración de Clío, la musa de la historia.

Por eso, la mesura de Jesusa Rodríguez en su interpretación histórica quedará registrada en los libros: «Hace 500 años», ya son más, «comenzó la conquista del territorio continental de México... acto con el cual la religión católica

RECUERDA: CADA VEZ QUE COMAS TACOS DE CARNITAS, ESTÁS FESTEJANDO LA CAÍDA DE LA GRAN TENOCHTITLAN.

fue impuesta a sangre y fuego por fanáticos y asesinos que venían a depredar nuestro territorio».

Aunque, más que la religión, lo que en verdad le caló a Jesusa fue que los españoles «nos trajeron una dieta violenta». Claro, como sacarle el corazón a un prisionero y luego comérselo —antropofagia ritual— no era violento... Tiene razón en sentir feo por los cochinitos sacrificados para las carnitas.

También le dolió que «los mexicanos pusieran las tortillas». Qué haríamos sin Jesusa Rodríguez —ojalá la valoren en Panamá, a donde se fue de embajadora—, sobre todo cuando quiere crear conciencia histórica: «Recuerda: cada vez que comas tacos de carnitas, estás festejando la caída de la gran Tenochtitlan».

Pero la erudición de Jesusa no es comparable con la sabiduría de nuestro presidente. Entendemos que siga enojado con España porque no se anima a ofrecer disculpas, pero de eso a decir que el encuentro entre ambos mundos no tuvo nada positivo porque no hubo vacunas es quizá un poquito exagerado: «Los españoles trajeron la viruela y en tres siglos no pudieron crear una vacuna. ¿Dónde está el progreso?».

A nuestro querido jefe máximo a veces le puede más el hígado o se le van las cabras al monte y confunde a nuestros héroes, como le pasó en Chilpancingo en agosto de 2020, cuando le quitó su título al cura Morelos para dárselo a Vicente Guerrero al llamarlo el «siervo de la nación» y atribuirle la autoría de *Los sentimientos de la Nación*. Ese día Morelos se revolcó en su tumba.

Pero en su descargo, hay que decirlo, nuestro presidente trabaja mucho. Además, madruga todos los días —aunque por lo visto Dios no lo ayuda nada—, así que sus pifias históricas son *peccata minuta*. El problema es que los miembros de la 4T creen que tienen el mismo derecho a meter la pata de manera épica, como ocurrió el 15 de julio de 2020.

Ese día, en la cuenta de Twitter de la Secretaría de Cultura de Ciudad de México, apareció la efeméride que decía: «15 de julio de 1914. Victoriano Huerta renuncia a la presidencia de México ante el inevitable avance triunfal de las fuerzas constitucionalistas». Todo iba muy bien, pero jamás imaginamos que Francisco I. Madero se pareciera tanto a Victoriano Huerta. Ah no, perdón, no es que se pareciera, es que la Secretaría de Cultura se equivocó y puso la foto de Madero.

No hubiera pasado nada si hubieran ofrecido una disculpa, cambiado la foto y listo. Al fin y al cabo, la 4T se ha caracterizado por equivocarse con todo éxito —90% de honestidad y 10% de capacidad no deja nada bueno—, por ejemplo, cuando se informó a los trabajadores que les darían un día de descanso con motivo del 5 de febrero, «Aniversario de la Batalla de Puebla», o cuando la Secretaría de Cultura federal le cambió la nacionalidad mexicana a nuestro insigne poeta Amado Nervo y le otorgó la uruguaya, o cuando escribieron que José Alfredo Jiménez era jalisciense, aunque todo mundo sabe que nació en Dolores Hidalgo, Guanajuato, o cuando escribieron premio Nobel con «v».

Pero bajo el sagrado principio de la 4T de «primero muerto que reconocer un error», el entonces secretario de cultura de la CDMX, Alfonso Suárez del Real, prefirió echarse una maroma monumental con triple salto mortal y los ojos vendados que cambiar la foto de Madero por una de Huerta, y así lo justificó:

Debemos de recordar que Huerta fue el gran traidor, que Huerta fue el asesino de don Francisco I. Madero y de don José María Pino Suárez. Huerta no merece tener una fotografía, el chacal no merece tener una fotografía en ninguna página de la historia; su víctima, sí, por supuesto, y por ese motivo se puso la fotografía de don Francisco I. Madero junto al nombre de Huerta.

Ni hablar, otra orden de tacos de carnitas, con copia.

AR

NO ES FÁCIL LUCHAR POR LA CAUSA.

SAÚL HUERTA: VIOLADORES, PERO NO CONSERVADORES

SAÚL INTENTABA LLEGAR A UN ACUERDO CON LA FAMILIA DEL CHICO Y LLEGÓ UNA SEGUNDA ACUSACIÓN EN SU CONTRA POR PARTE DE OTRO MENOR, ¡POR LAS MISMAS RAZONES!

¡EL DIPUTADO NO VIOLÓ A NADIE!

DOS JÓVENES LO ACUSARON DE ATACARLOS SEXUALMENTE. PERO LA 4T ES UNA MADRE PROTECTORA Y TARDÓ CUATRO MESES EN SER DETENIDO.

No es fácil luchar por la causa. Pregúntenselo si no a Ignacio Mier, coordinador de los diputados de Morena, que tuvo que enfrentarse a la tarea delicada de defender a Saúl Huerta, diputado por la misma agrupación, con estas palabras: que las circunstancias de que se le acusaba «ocurrieron fuera de su función como diputado federal», palabras que podrían traducirse como «el diputado no violó a nadie en el edificio de San Lázaro». Y es que «las circunstancias» de que se acusaba al diputado eran, nada menos, la violación de un chico de 15 años.

El escándalo estalló el 21 de abril de 2021. Los medios nos dejaron saber que un joven que trabajaba para a campaña del compañero Saúl, diputado desde 2018, lo acusaba de haberle ofrecido trabajo y, con esa trampa, de llevarlo a una habitación de hotel, darle un refresco que presuntamente contenía una sustancia que lo noqueó y abusar sexualmente de él.

La 4T apapacha a los suyos, y entre esos suyos hay una buena cantidad de personas acusadas de acoso, agresión y/o violación. En este libro pueden, lectoras, lectores, conocer las historias de Félix Salgado Macedonio y de Pedro Salmerón, señalados reiteradamente por su violencia sexual y defendidos sin ambages por el presidente de la República. Luego están el video donde David Monreal, entonces candidato a la gobernatura de Zacatecas, le toca el trasero a una compañera del movimiento; el caso de Julio César Lorenzini, aspirante a la alcaldía de Cholula con una denuncia por violación en 2019; el escándalo en redes con Alfonso Vásquez, profesor de Filosofía en la UNAM y candidato a diputado local en Ciudad de México, denunciado por abuso sexual contra dos alumnas, y las acusaciones por acoso contra Guillermo Villaseñor, otro que apuntaba a la diputación por Morena. Por ejemplo. Pero todos esos individuos comparten algo: vieron la luz que emana del presidente López Obrador y se apuntaron al cambio, lo que implica un perdón instantáneo. Sin excepciones, la respuesta cuatroteísta fue que eran escándalos sin fundamento, sembrados para sacudir las elecciones del 21.

El compañero Saúl también tuvo ese tipo de revelaciones: forjado en el priismo, se apuntó a Morena para 2018, deslumbrado por la grandeza del Supremo. Pero ni así recibió el apoyo del mismo. Esas son bendiciones reservadas a los compañeros Salmerón y Macedonio; a la aristocracia del espíritu de la 4T. De hecho, una figura tan proclive a Macedonio como Mario Delgado, presidente del partido, pidió su baja, mientras que Citlalli Hernández, segunda de abordo en esa organización, dijo que, por lo bajo, Huerta debía ser suspendido hasta que se diera curso legal al asunto. Y peor le fue con el gobierno de Ciudad de México, que se lanzó a su cacería desde el primer momento. Pero apapachos, con todo, los hubo.

Mientras el compañero Mier, otro hombre forjado en el priismo de vieja guardia, decía que le respetaran su vida privada porque el compañero puede dedicar sus horas de descanso a lo que guste, mientras se filtraba un audio en el que el compañero Saúl intentaba llegar a un acuerdo con la familia del chico y mientras llegaba una segunda acusación en su contra por parte de otro menor, por las mismas razones, la Cámara de Diputados se tardaba lo nunca visto en quitarle al compañero el fuero constitucional, de manera que no había manera de ponerlo en prisión. El fuero lo perdió cuatro meses después, en agosto, con los apapachos de dos legisladores de su partido, que prefirieron abstenerse en la votación. Fue ese el momento que eligió para desaparecer. Finalmente, fue detenido y, con toda la dilación del mundo, llevado al Reclusorio Oriente.

Y es que la 4T se guía por un principio revolucionario inamovible: «Violadores, pero no conservadores».

JP

CUADRO DE HONOR DE LA 4T

NOMBRE: LORD MOLÉCULA, SÍ TIENE NOMBRE, PERO ¿A QUIÉN LE IMPORTA?

CARGO: DEVOTO FELIGRÉS, *GROUPIE* DEL PRESIDENTE QUE SE DISFRAZA DE PERIODISTA Y SE PRESENTA EN LAS MAÑANERAS PAGADO POR EL GRAN CHUCHO RAMÍREZ CUEVAS, VOCERO DE LA PRESIDENCIA

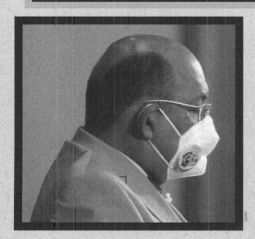

ANTECEDENTES: Eterno enamorado de Andrés Manuel López Obrador, a quien le ha dicho: «La verdad hace usted un esfuerzo sobrehumano, no descansa ni sábados ni domingos». Propuso nombrar «Amlover» al índice para medir el bienestar de la 4T. Se atrevió a cuestionar a nuestro líder supremo al preguntarle sobre la derrota de los Astros contra los Nacionales en la serie Mundial de beisbol en 2019. Exigió a los periodistas que atacan al presidente que no digan «mentiras falsas».

FRASE CÉLEBRE:

«YO CREO QUE TODOS LOS REPORTEROS EN ALGÚN MOMENTO NOS SENTIMOS SUPERHÉROES. SIEMPRE SOÑAMOS CON HACER JUSTICIA Y SÍ, SÍ SIENTES PARALELISMO CON SUPERMAN».

«ME HA MIRADO A LOS OJOS: LAS MAÑANERAS»

LAS MAÑANERAS SON LO MEJOR QUE LES HA PASADO A LOS MEXICANOS DESDE LA CONSUMACIÓN DE LA INDEPENDENCIA, NO CABE DUDA. ES UNA DE LAS MÁS BRILLANTES IDEAS CON LAS QUE LLEGÓ A GOBERNAR NUESTRO QUERIDO TLATOANI. ES EL CENIT DE LA CUARTA TRANSFORMACIÓN. CADA UNA NOS OFRECE UN ABANICO DE GRANDES MOMENTOS CON NUESTRO SEÑOR PRESIDENTE.

Los enemigos de la 4T dirán que son infumables, aburridas, repetitivas y que es el foro donde el presidente acusa sin pruebas, azuza a su gente contra sus opositores, miente, falsea los datos, se inventa otros, regaña, castiga, levanta falsos, se burla... pero no es así.

Quienes critican la mañanera son los conservadores, los fifís, los neoliberales que no quieren que triunfe el movimiento; lo cierto es que escuchar la mañanera es la mejor manera de iniciar el día. Es sonreírle a la patria con la esperanza de un mejor porvenir, es como un lunes permanente lleno de nuevas y mejores oportunidades.

Las horas se hacen minutos escuchando a nuestro presidente señalar con su dedo flamígero —y con toda razón— a la prensa que no le aplaude, a las organizaciones no gubernamentales que lo critican, a la sociedad civil que lo molesta. Los momentos en que pontifica hablando de la paz, del amor, de la austeridad, de la pobreza franciscana, de la moral, de la solidaridad, de las virtudes del pueblo bueno no tienen desperdicio —ojalá pudieran escucharlo en todo el mundo, como le hace el papa con sus bendiciones *Urbe et Orbi;* incluso sería maravilloso que su voz resonara en el universo entero.

Nuestro presidente pontifica con tal naturalidad que solo falta que su vocero, Jesús Ramírez, diga: «Esta es palabra de Dios» —y tendría razón en decirlo—. Quién no podría estar de acuerdo con Chucho o con Antonio Attolini, que sin ningún ánimo zalamero, sin ninguna intención de alcanzar un hueso, desde el fondo de su corazón ha dicho: «López Obrador está al nivel de Jesucristo, Mahatma Gandhi, Martin Luther King y Nelson Mandela. AMLO me ha mirado a los ojos y le he agradecido»; quién no podría sumarse también a lo dicho por Estefanía Veloz: «No, AMLO no es como Jesús, o sea, Jesús no llenó el Zócalo tantas veces». Y como la fe mueve montañas, Estefanía encontró pan y vino en el programa *De Buena Fe* de Canal Once.

¿A poco no es reconfortante escuchar a nuestro presidente en las mañaneras, con su voz pausada y afectuosa, aconsejándonos a nosotros, el pueblo —cual cariñoso padre de todos los mexicanos—, abrazarnos en plena pandemia, tomar miel con limón si enfermamos de covid o pasar al Carnalito a echar unos tacos de barbacoa con un buen caldo que tanto reconforta el alma?

En las mañaneras hemos aplaudido a nuestras cabecitas blancas el 10 de mayo; hemos cantado con Juan Gabriel y Rocío Dúrcal, con Armando Manzanero en un merecidísimo homenaje cuando falleció, con Eugenia León y hasta con Beatriz Gutiérrez Müller, a quien se le agradece que se dedique a la historia.

También estamos atentos a las clases de historia, de economía, de ciencia política, de comercio y de cualquiera que sea el tema que nuestro amado líder imparta porque sabe de todo y siempre habla con vehemencia, aunque invente la mitad de lo que dice.

SI SE TOMA ALGUNAS LICENCIAS PARA FALSEAR DATOS, NO IMPORTA, PORQUE SUS FIELES SEGUIDORES LE CREEN TODO.

Y si se toma algunas licencias para falsear datos, no importa, porque sus fieles seguidores le creen todo. Como Estefanía Veloz, que alguna vez tuiteó: «Hoy el presidente nos dio una clase de ciencias políticas», u otro tuitero, Jorge Gómez Naredo, que escribió: «Ahorita AMLO está dando cátedra sobre historia de América Latina», impresionados porque el presidente seguramente salió con su famoso «no me salgan con que la ley es la ley», o dijo que la familia Mussolini le puso Benito a su hijo porque admiraban a Juárez, o que Hernán Cortés perpetró el primer fraude de la historia mexicana, aunque la culpa haya sido de Felipe Calderón.

El presidente nos ha llevado a los terrenos de la nostalgia al hablar de Jorge Arvizu *el Tata* y pedirle a Chucho que proyectara en la pantalla del Salón Tesorería a los inolvidables oficial Matute y Benito Bodoque, en una escena de *Don Gato* que no tiene desperdicio y en la que Matute le grita a Benito: «¿Qué crees que es esto?, ¿el palacio de Buckingham? Ahora esfúmate, te estás volviendo peor que don Gato. Ya nomás falta que quieran que los divierta, que les cuente un cuento como si fuera su abuelita».

Lo bueno es que nuestro presidente no es tan malhumorado como Matute, y si bien no vive en Buckingham, sí vive en un palacio y sí nos divierte y nos cuenta cuentos, muchos cuentos cada día, porque para eso son las mañaneras: para mantenernos bien informados.

Por eso resulta incomprensible que la asistencia de los periodistas a la mañanera haya bajado 61% de 2019 a 2021. En 2019 asistieron 15 515 reporteros y para 2021 solo 6 003. Ellos se lo pierden; no valoran el esfuerzo de nuestro presidente, no aprecian sus mensajes. Lo bueno es que apenas van 859 mañaneras hasta el 31 de mayo de 2022, así que todavía nos quedan muchas mañanas para sonreírles a la vida, a la patria y a nuestro amado líder.

AR

CUADRO DE HONOR DE LA 4T

NOMBRE: ANA ELIZABETH GARCÍA VILCHIS, ALIAS LIZ VILCHIS; LA VILCHISMOSA
CARGO: CONDUCTORA DE «QUIÉN ES QUIÉN EN LAS MENTIRAS» EN LAS CONFERENCIAS MAÑANERAS DEL PRESIDENTE LÓPEZ OBRADOR

ANTECEDENTES: Tiene el trabajo más difícil del mundo: titular de un espacio destinado a desenmascarar mentiras proferidas públicamente, no se ha detenido en una de las 80 mil que, según cálculos moderados, ha formulado el presidente en sus comparecencias desde 2018. En algo más de un año, ha logrado crear un estilo único: es una especie de ametralladora con una sobredosis de ansiolíticos, que equilibra un tartamudeo constante con una lentitud extrema para hablar. Lentitud sin precisión. Liz ha tenido algunos titubeos famosos, desde hablar de la «reforma Elektra» hasta desmentir la noticia de que a las personas que habían ido a aplaudirle al presidente en una visita a Estados Unidos les habían dado «100 mil dólares» por cabeza, en vez de 100. Aunque nadie como el propio presidente para darle su lugar en la historia a esta joven poblana: «Pues la señorita no sabrá leer, pero no dice mentiras», dijo el titular del Ejecutivo en un colosal «No me defiendas, compadre».

FRASE CÉLEBRE:
«NO ES FALSO, PERO SE EXAGERA».

YEIDCKOL: EL COMUNISMO VISTE DE GUCCI

LA CAMARADA POLEVNSKY *ES ÚNICA:* LLEVARÁ A MÉXICO AL SUEÑO BOLIVARIANO ENVUELTA EN GUCCI. Y EN *ESCÁNDALOS* POR DEFRAUDAR A SU PARTIDO.

«Muchas felicidades en su cumpleaños, al Comandante y héroe de la Revolución, Ramiro @ValdesMenendez con admiracion y respeto». «Hoy conmemoramos el nacimiento de Mao Zedong, fundador del Partido Comunista de China, y de la República Popular China, nación que hoy bajo la dirección del #PCCh y su Presidente Xi Jinping es garantía del multilateralismo y la cooperación para el desarrollo». «A 54 años del infame y cobarde asesinato del Comandante #Che Guevara, lo recordamos con cariño y admiración. Hombre congruente, revolucionario íntegro, ejemplo del hombre nuevo. Guerrillero de todos los tiempos. Sus sueños y anhelos vivirán siempre en nosotros». «Hace 95 años nació Fidel Guerrillero de todos los tiempos, ahora con más fuerza que nunca está vivo y presentes en nosotros su ejemplo, sueños, razón, ideas, corazón, que son vanguardia de futuro».

¿De dónde creen las amables lectoras, los gentiles lectores, que provienen las citas del inicio, citas que hemos transcrito con respeto absoluto a los criterios ortográficos y de redacción originales? ¿Tal vez de las redes sociales de Nicolás Maduro? ¿Alguna página de las FARC? ¿Las paredes del Auditorio Che Guevara de Filosofía y Letras de la UNAM, ocupado por radicales hace 22 años? No. Provienen de la cuenta de Twitter de la camarada Yeidckol Polevnsky, actual diputada por Morena, antigua presidenta de ese partido y prueba viviente de que en la 4T, faltaba más, no se le hacen ascos al comunismo, y hablamos del comunismo más ortodoxo, el más rudo, como indican la represión coordinada durante décadas por el comandante Valdez en Cuba, los tiros de gracia y los campos de concentración para homosexuales del Che, los 70 millones de muertos de Mao y las cinco décadas y pico en el poder de Castro, tan admirados por la camarada.

Pero no es solo en eso, en sus simpatías por la mano dura, que Yeidckol Polevnsky es una comunista ortodoxa. Lo es también porque, así como Nico Maduro usa un Rolex y un anillo de esmeraldas, Fidel Castro disfrutaba fincas lujosas y departamentos comodísimos en toda Cuba y Daniel Ortega gusta de las camionetas Mercedes de 178 mil dólares, ella no puede resistirse a Gucci. Bueno, ni a Gucci ni a Chanel. Sí: ya la cacharon dando tarjetazos a mayor gloria del superlujo.

¿Cómo se financia esos gustos? No lo sabemos. Lo que sabemos es que su propio partido, Morena, decidió acusarla ante la Fiscalía General de la República por daño patrimonial y lavado de dinero, es decir, en buen castellano, por defraudar al partido por unos 395 millones de pesos. La camarada dirigió Morena entre 2017 y 2020, para perder la elección de 2019 ante Alfonso Ramírez Cuéllar, que, ni corto ni perezoso, ordenó una investigación contra la dirigente derrotada. Resultado: la camarada, dicen en el morenismo oficial, transfirió ese dinero a dos empresas para una serie de transacciones inmobiliarias, desde la compra de propiedades hasta trabajos de remodelación y mantenimiento. Pero hay un problema, que son dos: según la auditoría, las obras no existen y los bendecidos por ese dinero son realmente parte de una red de empresas fantasma. Desde luego, nada más lejos de nuestras intenciones que señalarla. Es posible que esos dineros se vayan a financiar la causa de la revolución en México o en el resto del mundo y lo de Gucci provenga de otras fuentes.

¿Cuáles fuentes? Tal vez —especulemos un poco— las prendas de alta costura provengan de su otra faceta, la de empresaria, porque la camarada pertenece a una facción del castro-chavismo que se conoce como «socialismo capitalista» o «ultraizquierda CEO». Faceta que, dicho sea de paso, le permitió beneficiarse de una condonación de impuestos

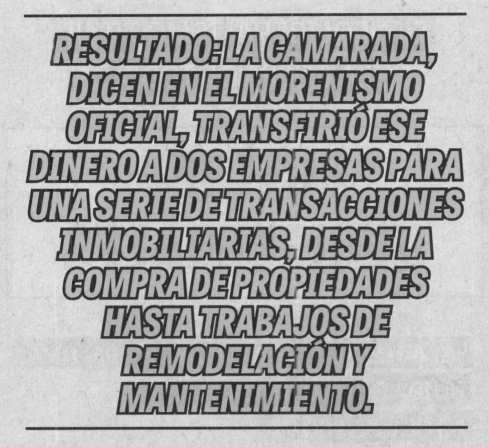

RESULTADO: LA CAMARADA, DICEN EN EL MORENISMO OFICIAL, TRANSFIRIÓ ESE DINERO A DOS EMPRESAS PARA UNA SERIE DE TRANSACCIONES INMOBILIARIAS, DESDE LA COMPRA DE PROPIEDADES HASTA TRABAJOS DE REMODELACIÓN Y MANTENIMIENTO.

de 16 millones de pesos con el viejo SAT, el del prianismo. A lo mejor le queda un guardadito de aquellos centavos y con eso se permite algún lujo que otro.

Como quiera que sea, la camarada Yeidckol no está sola en la lucha. La acompañan, por ejemplo, Irma Eréndira Sandoval, que en sus tiempos a cargo de la Función Pública solía elogiar la política de austeridad republicana impuesta por el presidente López Obrador con un reloj Cartier en la muñeca y varias casas en su haber, aunque no en su declaración patrimonial. O el tribuno Gerardo Fernández Noroña, otro admirador incondicional del chavismo, con viajes a Caracas incluidos, que disfruta frecuentemente as salas VIP en los aeropuertos.

En la Cuarta Transformación, el comunismo viste de Gucci.

JP

EL NEOLIBERALISMO TIENE
LA CULPA DE TODO.

BUITRES
NEOLIBERALES

«SI A TU FRONTERA LLEGA UNA PALOMA,
CUIDA QUE NO SEA BUITRE
LO QUE SE ASOMA.
CUÁNTA FALTA NOS HACE BENITO JUÁREZ
PARA DESPLUMAR AVES NEOLIBERALES».
SI LEÍSTE CANTANDO ESTA VERSIÓN
DE LA «PALOMA», ES POSIBLE QUE
SEAS UN DIGNO SEGUIDOR O SEGUIDORA
DE LA 4T.

Entonces también serías fan de Eugenia León, que la canta desde que Morena era PRD y los perredistas —hoy morenistas— aplaudían a rabiar cuando escuchaban esta otra estrofa: «El año 94 así pasó / estábamos en la lucha de sucesión / la danza de las monedas hacía furor / a los dioses de la guerra y la corrupción».

Si cumples las dos condiciones anteriores, ¡felicidades!: eres amlover, chairo, pejezombie, feligrés de la primera orden de nuestro amado tlatoani y crees, como él, que el neoliberalismo es el periodo más oscuro de la historia de México, la época cuando surgieron todos nuestros males actuales, incluso los provocados por nuestra alteza serenísima, aunque seguramente no tienes idea de qué es el neoliberalismo, pero no importa mientras seas 90% honesto y 100% ignorante.

LOS ADVERSARIOS DE NUESTRO PRESIDENTE DEBERÍAN AÑORAR ESOS GLORIOSOS TIEMPOS ANTES DE LA LLEGADA DEL NEOLIBERALISMO, CUANDO IMPERABA EL NACIONALISMO CHABACANO Y RAMPLÓN.

A decir verdad, el presidente López Obrador tiene razón: además de Felipe Calderón, el neoliberalismo tiene la culpa de todo. Qué dichosos éramos los mexicanos antes del neoliberalismo, cuando teníamos que mantener con nuestros impuestos como a ocho mil empresas paraestatales que solo servían para enriquecer a los favoritos de los presidentes —a sus amigos, a sus familiares y a sus leales—, pero lo hacíamos con gusto porque el hambre es canija.

Qué dichosos éramos cuando nos tenían que repetir que lo hecho en México estaba bien hecho para convencernos de que no era una porquería lo que aquí se producía, no obstante

243

que el proteccionismo del gobierno había anulado la calidad y la competitividad de las empresas mexicanas; qué alegres nos sentíamos cuando teníamos que ir a «la fayuca» para conseguir unos jeans, una chamarra, unos tenis de marcas satanizadas en México bajo el rubro de «contrabando».

QUÉ DICHOSOS ÉRAMOS LOS MEXICANOS ANTES DEL NEOLIBERALISMO.

Qué tiempos aquellos de gran armonía cuando teníamos que hacer filas de varias horas para hacer una operación en cualquier banco —gracias a la nacionalización de la banca en 1982— o pedirle a Telmex —sí, de 1972 a 1990 fue empresa paraestatal— que arreglara una falla que tardaba meses en atender, o ir a formarte durante todo un día a la Compañía de Luz y Fuerza del Centro para suplicar que te reinstalaran el servicio, lo cual solo sucedía si tenías la fortuna de encontrar una camioneta de la Compañía de Luz en la calle y le ofrecías algo más que solo «pa'l chesco».

Los adversarios de nuestro presidente deberían añorar esos gloriosos tiempos antes de la llegada del neoliberalismo, cuando imperaban el nacionalismo chabacano y ramplón, y los gobiernos proteccionistas, paternalistas y autoritarios, que hablaban del campo como la esperanza de un futuro mejor, cuando obreros y campesinos solo servían de botín electoral.

Maldito sea el neoliberalismo que trajo consigo instituciones que eran impensables antes, como la Comisión Nacional de los Derechos Humanos o el Instituto Federal Electoral —hoy INE—, o el Instituto de Acceso a la Información, o las organizaciones no gubernamentales que intentaban limitar el poder presidencial. Maldito sea el neoliberalismo; antes de eso, los gobiernos preferían gobernar a un pueblo ignorante —todavía no era pueblo bueno— que construir ciudadanía.

Maldito sea el neoliberalismo con el que llegaron la democracia, la participación ciudadana en la organización de elecciones y la autonomía del sistema electoral, que antes estaba en manos de los grandes morenistas de hoy, como Manuel Bartlett Díaz.

Maldito sea el neoliberalismo que con el Tratado de Libre Comercio nos colocó entre las economías más importantes del mundo; nos permitió relacionarnos abiertamente con otros países, firmar acuerdos comerciales, impulsar la industria mexicana por el planeta, tener acceso a la tecnología y a las nuevas comunicaciones. Maldito sea el neoliberalismo que desapareció esa maravillosa tradición de abrir el vino Padre Kino con los pulgares y colocó en el radar mundial a nuestras zonas arqueológicas, a nuestras playas, a nuestras ciudades coloniales, al arte mexicano, a Frida Kahlo, que impulsó la industria vitivinícola mexicana, que posicionó al tequila, al mezcal y a la gastronomía nacional.

> MALDITO SEA EL NEOLIBERALISMO QUE TRAJO CONSIGO INSTITUCIONES QUE ERAN IMPENSABLES ANTES.

Maldito sea el neoliberalismo que impulsó causas como el feminismo, la defensa de los derechos humanos, la protección de los animales, la defensa del medio ambiente, la lucha contra el calentamiento global. A juicio de nuestro tlatoani, estos solo fueron un pretexto para perpetuar la corrupción de los fifís, conservadores y neoliberales.

Qué bueno que nuestro amado líder abolió el modelo neoliberal y su «política económica de pillaje, antipopular y entreguista» en marzo de 2018 y lo sustituyó por su propio modelo económico de pillaje, muy popular eso sí, pero también corrupto.

Con el neoliberalismo o sin él, lo más difícil es soportar a Eugenia León cantando la paloma neoliberal. Yo prefiero quedarme con el danzón «Juárez no debió morir», para cantar: «Porque si Juárez no hubiera muerto, todavía viviría / ¡Otro gallo cantaría! / La patria se salvaría / México sería feliz / ¡Ay, muy feliz!». Igual y no sería así, pero quién se puede negar a un danzón.

AR

245

¡VACUNA CUBANA, YA ERES MEXICANA!

ES BARATA, ES SOCIALISTA... Y NO SABEMOS NADA MÁS, SALVO QUE SE LA PIENSAN PONER A NUESTROS NIÑOS. ES ABDALA, LA VACUNA CASTRISTA.

Sales de casa feliz, con tu hijo pequeño de la mano: finalmente, el gobierno federal ha decidido vacunarlo. Te encaminas al centro de vacunación mientras celebras no haber tomado decisiones precipitadas. Ante las reiteradas negativas del presidente y del zar antipandemia, Hugo López-Gatell, habías especulado con varias posibilidades: interponer un amparo como hicieron otros ciudadanos, llevártelo a Estados Unidos a recibir su primera dosis e incluso investigar si la receta de Donald Trump, la inyección de cloro, era realmente tan descabellada. Por fortuna, fuiste paciente, dominaste la ansiedad y ahora Alejandrito va a recibir una vacuna en forma.

En el centro las cosas marchan con amabilidad y eficacia. La cola va rápido, las personas encargadas de revisar tus papeles claramente están bien entrenadas, el resto de los padres está de buen humor y por lo tanto no hay conflictos como los que has visto en los centros de otros estados, los conflictos propios del desorden y la espera. Usas el tiempo de espera para explicarle a Alejandrito que sí, la inyección le va a doler un poco, pero que es nada más un pinchazo, y que sí, a lo mejor luego le duele un poco el brazo y se siente un poco mal, «Como cuando te comiste la lagartija, chaparro, ¿te acuerdas?», pero que sea valiente y que saliendo del centro le invitas un helado. Por fin, llegas a la zona de las inyecciones, donde una mujer con cubrebocas dice: «Vamos a aplicarles a sus niños una dosis de la vacuna Abdala, de origen cubano, recientemente aprobada por las autoridades federales».

A gran velocidad, un mundo de imágenes y datos se te viene a la cabeza. Están los videos de cubanos que, en plena pandemia, grabaron las clínicas saturadas en la isla, sin tanques de oxígeno, con baños sucios, a menudo sin agua corriente ni energía eléctrica, con equipos en las ruinas, sin analgésicos de los más básicos, para no hablar de medicamentos más sofisticados, y con médicos y enfermeros equipados sin cubrebocas ni batas adecuadas. Te acuerdas también de que antes incluso de la pandemia las clínicas cubanas te pedían que llevaras tus propias sábanas, con todo y que ya estaban pidiendo un pago voluntario a cambio de sus servicios. Recuerdas que a Hugo Chávez se lo cargó el payaso porque le atendieron el cáncer en aquellas tierras, y de cómo «ayudaron» a Maradona con las adicciones. Te acuerdas de lo que te contó tu amiga M cuando estuviste por allá, a la muerte de Fidel Castro: los médicos tenían una red de tráfico de dispositivos intrauterinos usados. Te acuerdas de que los médicos de las «misiones» no están capacitados ni siquiera en lo más elemental, y sobre todo recuerdas lo que se ha dicho en los medios sobre la Abdala: que no hay un solo estudio clínico disponible para comprobar su eficacia, que no está aprobada por ningún país distinto a Cuba y Nicaragua (y México, se entiende) y que la OMS dice que mejor de momento no. Vaya, que lo que avala a la Abdala, si se permite el mal juego de palabras, es el socialismo cubano.

NO ESTÁ APROBADA POR NINGÚN PAÍS DISTINTO A CUBA.

Todo eso te viene a la mente, sí. Y es entonces cuando haces la petición más razonable:

—Señorita, preferiríamos que le inyectara cloro. Voy al OXXO y regreso en 15 minutos.

JP

247

¿AL DIABLO LAS INSTITUCIONES?

No sé por qué tanto encono contra nuestro jefe máximo por su intención de acabar con el INE. Yo en su lugar haría lo mismo, sobre todo si tengo fichado en mi equipo al Leonel Messi de los fraudes electorales: Manuel Bartlett Díaz. Soñemos cosas chingonas, dirían por ahí. Imaginemos un nuevo instituto electoral, manejado por Manuel Bartlett, que con su experiencia, su conocimiento, su vocación fraudulenta, podría sentar las bases para que la 4T permaneciera en el poder al menos mil años. Menos INE y más Bartletts.

¿Para qué nos sirve una institución tan costosa como el INE, si solo consigue la participación voluntaria de más de un millón de ciudadanos que organizan las elecciones, instalan las casillas, cuidan el voto, hacen el recuento, levantan actas y entregan cuentas a la nación, a pesar de que los partidos políticos siempre se declaran ganadores?

No necesitamos al INE ni a los ciudadanos, nuestro presidente tiene razón, y además, generoso como es, siempre piensa en el bienestar del pueblo bueno y de corazón preferiría que la gente no se fatigara en las jornadas electorales contando votos y esas cosas de la democracia liberal, que nada tiene que ver con el verdadero mandato del pueblo. Por eso, qué mejor que volver a los viejos tiempos del priismo, ese que lleva tatuado en su alma, tiempos en los que el gobierno era juez y parte en las elecciones.

Si hubiera un mundial de chicanas electorales, el gobierno de la 4T podría participar con un cuadro de lujo, cuando menos la delantera sería implacable: René Bejarano con sus ligas, Pío López Obrador con sus sobres y la goleadora Delfina Gómez, experta en retener el balón y los salarios de sus trabajadores para campañas electorales.

Otros seleccionados serían Mario Delgado, con su «revolución pacífica contra la dictadura del INE» porque los consejeros son «traidores a la democracia»; Citlalli Hernández, con «el INE está secuestrado por dos consejeros», y las corcholatas presidenciales —Claudia, Marcelo y Adán—. Desde luego, Claudia estaría en la alineación, ya que no soporta que el INE le haga ver que viola la ley con desparpajo al hacer campaña por la candidatura presidencial —pero solo sábados y domingos, eso sí—, y cuando participa en mítines de candidatos de Morena a otras gubernaturas, le gusta escuchar a sus acarreados gritándole «¡Presidenta!» y luego arremete contra el INE: «Es caro, es de un grupo, es de privilegios, es de cuotas y no ha ayudado a fortalecer la democracia. Este INE… ya es el momento de cambiarlo».

Ojalá que el INE desaparezca. Así, los demócratas de la 4T ya no tendrían que inventar millones de firmas para organizar la consulta de revocación de mandato; ya podrían recibir depósitos en efectivo y transferencias del extranjero para promover la imagen de nuestro presidente sin rendir cuentas. Y lo que es mejor: no tendrían que recurrir a prestanombres y empresas fantasma para tapizar con espectaculares las principales ciudades del país y apoyar al presidente en turno en la consulta por la revocación de mandato, tal como ocurrió con nuestro jefe máximo López Obrador, al que teníamos el privilegio de ver cada mil metros, en grandes espectaculares a lo largo del segundo piso del periférico con frases que decían: «Que siga AMLO», «AMLO no está solo», acompañadas de una foto donde nuestro presidente mostraba su generosa sonrisa.

Lo cierto es que nuestro presidente le trae ojeriza al INE porque, según dice, avaló el fraude que le impidió llegar a la presidencia en 2006, aunque todos sabemos que la culpa fue de Calderón. Lo del fraude de 2006 fue una invención de nuestro tlatoani que le ha servido como bandera para ir contra el INE, los fifís, los conservadores, los neoliberales y un largo etcétera pero lo cierto es que nadie ha podido igualar el gran fraude de 1988, obra de su mano derecha: Manuel Bartlett.

Si el presidente lograra desaparecer al INE, extrañaríamos mucho sus descalificaciones en las mañaneras, como cada una de las 299 veces que mencionó al instituto entre enero de 2018 y abril de 2022. Extrañaríamos que le llamara «supremo poder conservador»; ya no podríamos gritar «voto por voto, casilla por casilla» ni podríamos exigir que los consejeros se bajen el sueldo.

Pero lo peor de todo, lo más preocupante, no es que el INE y otras instituciones puedan desaparecer a manos de la 4T. Lo que debe preocuparnos es que, si las instituciones desaparecen, a nuestro gran tlatoani le puede dar el soponcio, porque entonces, ¿a quién mandaría al diablo?

AR

249

AUTOBOMBA Y AUTOBOMBO

CITLALLI HERNÁNDEZ RECIBIÓ UN LIBRO-BOMBA EN SU OFICINA. A CONTINUACIÓN, UNA FILTRACIÓN SOBRE AQUEL CASO: UN DIÁLOGO QUE TUVO LUGAR EN UN PERIÓDICO OFICIALISTA. POR SU SEGURIDAD, CAMBIAMOS LOS NOMBRES DE LOS PROTAGONISTAS.

NO QUIERO PENSAR QUÉ HUBIERA PASADO SI ESCONDEN LA BOMBA EN UN TAMALITO.

—En Palacio Nacional quieren más dramatismo. Hay que transmitir que los neoliberales acechan y que la lucha por la transformación es heroica, llena de peligros mortales. Ponle algo como: «Ciudad de México, 30 de mayo de 2019. El edificio del Senado se cimbró por una poderosa... No: una poderosísima explosión. La senadora Citlalli Hernández, famosa por su compromiso con las causas más nobles de la izquierda y figura central de la Cuarta Transformación de la vida pública, impulsada por el presidente Andrés Manuel López Obrador, fue víctima de un atentado con un libro-bomba».

—Carmela, es que parece que la explosión fue muy leve. Me informan que ni siquiera despertó a los compañeros que estaban en sesión.

—Okey, pero hay que poner énfasis en que resultó severamente herida y en que la bomba puso en riesgo su vida. Digo, sufrió quemaduras y una intoxicación por inhalar el humo, ¿no?

—Híjole, es que en la foto que se hizo con Ricardo Monreal en el hospital no se le ve ni una cicatriz. Está como si nada. De la respiración, bueno... Se le nota igual de mal que siempre.

—Hay que publicar esa foto. Que se vean los estragos provocados en la oficina. Insisto: hay que transmitir la sensación de riesgo. El peligro en que estuvo.

—¿Puedo ser sincero? Si ves la foto, el libro está semiabierto, entero, y no se ven rastros de la detonación en la oficina. Los postits no se ven ni siquiera manchados. No hay trazas de polvo. Los de la oposición van a decir que fue una autobomba, y que la usa para hacerse promoción. Para el autobombo, pues. La única ventaja que le percibo a la foto es que se ve al fondo cómo tiene las plumas en un vaso de cartón, de esos para el café, de cuando hay cumpleaños en la oficina y sirven pastel. Es muy austeridad republicana. Puede tener incluso más efecto que el tóper con quesadillas de Martí Batres, ¿te acuerdas? Cuando decía que se preparaba la comida en la casa para ahorrar en restaurantes, conforme a la política de ahorro y medianía juarista impulsada por el presidente...

—Adelante con la foto. Y pídanle una caricatura a alguno de los muchachos. Pero una muy dramática, señalando la bajeza, la violencia de la oposición conservadora. Tiene que ser algo totalmente solemne, ¿eh? No vayas a decirle a uno de los que tienen sentido del humor.

—¿Tal vez Fernández?

—Mmmm... Puede ser. No: mejor el Chismoso. Es garantía de que nadie va ni a sonreír. Otra cosa: hay que luchar contra la propaganda. Enfatiza que las dudas manifestadas por la oposición sobre la realidad de la bomba son muestra de los niveles de indignidad a que ha llegado, de su derrota moral, y que la investigación sin duda revelará más temprano que tarde la gravedad del atentado.

—Es que clasificaron la información durante cinco años, Carmela.

—Mta. Bueno, foto de Citlalli con el puño alzado, caricatura a media plana y desplegado de Morena.

JP

251

CONVOCÓ A LAS NACIONES DE LA TIERRA A INSTAURAR UN ESTADO MUNDIAL DE FRATERNIDAD Y BIENESTAR.

¡EL LÍDER DEL UNIVERSO!

«QUIERO LA PAZ DEL MUNDO» PARECÍA LA TÍPICA RESPUESTA DE UNA DE LAS CONCURSANTES DEL CERTAMEN DE BELLEZA MISS UNIVERSO. POR FORTUNA NO LO FUE. ERAN LAS PALABRAS DE NUESTRO TLATOANI, QUE SE ARMÓ DE VALOR PARA VIAJAR A NUEVA YORK Y HABLAR ANTE EL CONSEJO DE SEGURIDAD DE LA ONU, PORQUE A MÉXICO LE TOCABA PRESIDIRLO EN NOVIEMBRE DE 2021.

Aunque el presidente es un convencido de que la mejor política exterior es la interior, y por eso no viaja al extranjero, en esa ocasión lo hizo para hablar de la corrupción como causa de la desigualdad mundial, aunque el tema acordado era el «Mantenimiento de la paz y seguridad internacionales: exclusión, desigualdad y conflicto».

Pero como nuestro gran tlatoani siempre va un paso adelante y es el jefe de Estado más inteligente y popular del mundo entero, se las ingenió para evadir el tema y fue más allá de solo proponer la paz del mundo: convocó a las naciones de la Tierra a instaurar un Estado Mundial de Fraternidad y Bienestar —son maravillosos los nombres que se le ocurren a la 4T— para garantizar una vida digna a 750 millones de personas que viven en la pobreza en todo el mundo.

El presidente mexicano sabe por experiencia que las palabras son más poderosas que los hechos, que nadie se va a oponer a un proyecto que favorezca a los pobres y, al menos en México, el pueblo bueno, sus seguidores, sus feligreses, sus colaboradores y sus fans le creen todo, aunque no lo respalde ninguna obra material.

Y como proponer no empobrece, ante el Consejo de Seguridad propuso que la lana para impulsar el Estado Mundial de Fraternidad y Bienestar saliera, palabras más, palabras menos, de aportaciones anuales hechas por las personas y los Estados más ricos del mundo. Todos los representantes de los países miembros le dieron el avión, y no precisamente el presidencial, porque hubiera intentado rifarlo de nuevo.

A pesar de lo que digan sus adversarios, nuestro presidente ha sabido comportarse en los cuatro viajes al extranjero que ha realizado durante su gobierno. A diferencia de sus participaciones internacionales vía Zoom desde Palacio Nacional, en las que dormía a sus pares al narrarles la historia de México o les contaba a los gringos que en nuestro país es famosa la frase: «Pobre de México, tan lejos de Dios y tan cerca de Estados Unidos», o presumía al mundo que los esposos Mussolini decidieron bautizar a su hijo con el nombre de Benito porque admiraban a Juárez —todavía no sabemos por qué la anécdota *fake* le causa tanto orgullo como para contarla en todos lados—, lo cierto es que en sus viajes al extranjero el presidente se ha ahorrado la clase de historia de México para principiantes en beneficio de sus interlocutores.

En mayo de 2022, nuestro jefe máximo viajó a Centroamérica y a Cuba, de donde regresó soñado, como padre orgulloso que les promete a sus hijos ayudarlos a salir adelante. Los otros tres viajes fueron a Estados Unidos: a Nueva York —cuando todavía no traía pleito con la Estatua de la Libertad—, para la reunión de la ONU; una visita al presidente Trump en julio de 2020, donde les cantaron «te pareces tanto a mí / que no puedes engañarme», pues ambos mandatarios se llevaban de piquete de ombligo y compartían las mismas conservadoras obsesiones, y finalmente el viaje a Washington, para reunirse con el presidente Biden, en julio de 2022.

Si algo ha marcado las visitas del presidente López Obrador a Estados Unidos es su infinito agradecimiento a los migrantes, y cómo no: sin sus remesas México estaría más hundido que el Titanic. Así que saluda, sonríe y se toma fotos con muchos paisanos a quienes les suplica que no dejen de mandar hartos dólares a México. Fuera de eso, los viajes de nuestro presidente han pasado sin pena ni gloria. Aunque no para sus fieles seguidores.

Es increíble la cargada al más puro estilo priista que organizan sus colaboradores cuando vuelve de alguna gira por el extranjero. Es como si el presidente regresara victorioso de alguna campaña de conquista, de establecer la paz o de imponer su poderío como lo hacían los antiguos tlatoanis.

Ni su perro le hace tantas fiestas cuando regresa a casa como Claudia Sheinbaum y los otros gobernadores, como ocurrió cuando al regresar de su encuentro con Biden publicaron un desplegado en el que felicitaban al presidente «por poner en alto del nombre de México».

O sus paleros, como Jorge Gómez Nareco, de *Regeneración*, periódico oficial de Morena, que publica frases como: «Qué impresionante discurso», #AmloLíderMundial, «Qué maestro salió AMLO en política internacional» o «la sonrisa gigante de Kamala Harris y pues cómo no, si está junto a un gran líder», cuando la vicepresidenta de Estados Unidos apenas esbozaba una mueca cumplidora en la foto de la recepción.

Con viajes al extranjero o sin ellos, lo cierto es que, dentro de la 4T, el hambre es canija.

AR

NUESTRO GRAN TLATOANI SIEMPRE VA UN PASO ADELANTE Y ES EL JEFE DE ESTADO MÁS INTELIGENTE Y POPULAR DEL MUNDO ENTERO.

LA INDIGNACIÓN ESTABA JUSTIFICADA.

EL FACEBOOK DEL BIENESTAR

«¿CENSURA EN LAS REDES? NO LO PERMITIREMOS», DIJO EL PRESIDENTE DE MÉXICO, Y ORDENÓ QUE SE CREARA UNA RED SOCIAL CUATROTEÍSTA. ESE SUEÑO ES YA UNA REALIDAD.

Había tantas posibilidades... «Facebook del Bienestar», «Aztlanet», «Austeritwitter», «PresidenTikTok», «Chairogram». Pero se desaprovechó la oportunidad. A veces, hay que reconocerlo, la 4T, en su urgencia por beneficiar al pueblo bueno, en su ímpetu casi desesperado por traer la felicidad a esta patria desgarrada por siglos de expolio, deja pasar oportunidades magníficas, como la de abrir un concurso público, una consulta ciudadana, para bautizar exitosa, seductora, inolvidablemente a la red social de la 4T que nuestro presidente, indignado con Facebook y Twitter, dio la instrucción de crear.

La indignación estaba justificada. El líder, como saben ustedes, no es un hombre de muchos afectos, pero uno de ellos es sin duda Donald Trump, con el que estableció una amistad entrañable que supo librar los escollos de la misoginia, la corrupción y el racismo.

Bueno, pues a nuestro presidente, muy amigo de sus amigos, le molestó de veras que se viera frustrado el intento de golpe de Estado que organizó Donald cuando perdió la elección ante Joe Biden, y más todavía que las redes sociales mencionadas antes decidieran vetarlo en

«TENDREMOS QUE ARMAR NUESTRA RED SOCIAL».

respuesta a esa pulsión golpista y a su promoción de la violencia. Y reaccionó con firmeza: «Tendremos que armar nuestra red social», dijo, confiado en las capacidades de quien conduce los destinos de Conacyt, máxime cuando al proyecto le iban a entrar también Gobernación, Relaciones Exteriores y Comunicaciones y Transportes. Un *dream team*, vaya.

Hubo muchas bromas en el sector necliberal; mucho escepticismo resentido. Bueno, pues la red ya existe. Lo de las oportunidades perdidas viene a cuento porque el nombre, francamente, no es demasiado atractivo: se llama 4T.social. Por lo demás, es un logro extraordinario, aunque conviene saber algunas cosas sobre ella.

La primera es que no es apta para sepulcros blanqueados, conservadores, fifís, neoliberales, corruptos. Solo puedes entrar a ella mediante una invitación que llegará a tu correo electrónico. Es, en fin, una red exclusiva para los seguidores de este cambio único: una red VIP, como lo salones de aeropuerto que tanto disfrutan algunos compañeros del movimiento, exclusiva para simpatizantes o miembros formales de la 4T. Como, inexplicablemente, a los autores de este libro no les ha llegado la invitación, solo podemos especular sobre el material apasionante que sin duda disfrutarán sus miembros. ¿Tutoriales con el presidente para entrenar como un atleta keniano, tal vez? ¿Videos como «Aprende a sellar la fuga que dejaron los huachicoleros»? ¿Encuestas sobre la mejor tlayuda del país? ¿Chats con rumores sobre los cambios en la administración federal, tipo «Van a nombrar director de Laguna Verde al compa X. Es un gran contador público»? En fin, imposible saberlo. Pero el cielo es el límite.

Lo que sabemos es que la red entró en funcionamiento en 2021 y que, en estricto sentido, todavía no hace temblar a Facebook y Twitter: en el último corte de caja, el número de afiliados estaba arribita de los 900. No se contaban entre ellos Donald Trump ni el presidente López Obrador, que estarán esperando la invitación.

JP

LAS OCURRENCIAS DE LOS GOBERNADORES

«QUIEN RÍE AL ÚLTIMO, RÍE MEJOR».

LOS GOBERNADORES DE MORENA ESTÁN CORTADOS CON LA MISMA TIJERA.

SABEN SER DISCIPLINADOS, DOBLAR LAS MANITAS E INCLINARSE ANTE EL PRESIDENTE CON UN CHASQUIDO DE DEDOS.

Decía Clío, la musa de la historia: «Quien ríe al último, ríe mejor», y al parecer tenía razón A pesar de las épicas intenciones de la cruzada neomexica neoindigenista, neopueblos originarios que emprendió Claudia Sheinbaum en 2021 para hacer de Ciudad de México la nueva Tenochtitlan, sabemos que le salió el tiro por la culata.

Le cambió el nombre al Árbol de la Noche Triste para llamarlo Árbol de la Noche Victoriosa, Feliz y Jubilosa de los Mexicas —o algo así—, pero no contaba con que el árbol regresaría para vengarse.

La jefa de gobierno de Ciudad de México de lunes a viernes y precandidata a la presidencia los fines de semana, obedeciendo el mandato del pueblo, plantó un ahuehuete en la otrora Glorieta de la Palma, en el paseo de la Reforma, que ahora puede llamarse Árbol de la Noche Triste porque está a punto de secarse. Pero, aun si lograra sobrevivir, podría convertirse en el Árbol de la Noche Triste porque ahí podrá llorar Claudia si el dedo del tlatoani, perdón, las encuestas no la señalan como sucesora.

259

Los gobernadores de Morena están cortados con la misma tijera y, así como a Claudia le da por quitar y poner monumentos o convocar a una clase de boxeo para romper el Récord Guinness de asistencia —14 299 personas participaron—, otros gobernadores no se quedan atrás con sus ocurrencias.

¿Qué tal los 17 días que pidió de licencia el gober de Morelos, Cuauhtémoc Blanco, para irse de vacaciones a Brasil a pasar el año nuevo 2022 al ritmo de samba? ¿O el otrora gober de Baja California, Jaime Bonilla, que, por sus pistolas —pero eso sí, con una ley que se sacó de la manga cual alquimista electoral—, intentó extender su mandato de dos a cinco años? Por fortuna, la scjn lo paró en seco.

Cuitláhuac García no canta mal las rancheras, pero el son jarocho no se le da, la verdad. En su gobierno, la seguridad en Veracruz ha sido un desastre, pero está satisfecho de que en su estado ¡la 4T va!, y ha notado la transformación en las gasolineras, cuyos servicios sanitarios son gratuitos: «Paso a veces a los baños y veo el cambio. Ya hasta uno se anima a darle a la cooperación, porque ya no la exigen; ya está ahí, es voluntaria». Véase la página 50.

Miguel Ángel Barbosa es otro gober que cada vez que habla demuestra su inteligencia política: «La mayoría de las mujeres desaparecidas no lo están, se van con el novio». Quizá el mayor logro de su administración sea el socavón de Puebla, que sin querer queriendo ayudó a llevar turismo al estado.

Las gobernadoras y los gobernadores de Morena han seguido el ejemplo de nuestro jefe máximo: acusan a la prensa local de difundir puras malas noticias, acosan a los reporteros, señalan que hay complots en todos lados y responsabilizan a los gobiernos anteriores de sus problemas actuales.

En algunos casos, como el de Sheinbaum, acusar a sus predecesores es dispararse en el pie: desde 1997 la Ciudad de México ha estado en manos de la izquierda, que primero fue PRD y floreció en Morena.

Los gobiernos estatales han unido fuerzas, pero no a favor de sus gobernados, sino para defender al presidente. Cada vez que se cierne una amenaza sobre nuestro gran tlatoani, gobernadoras y gobernadores firman un desplegado. Lo hicieron en enero de 2022, para apoyar la reforma eléctrica del presidente, y también en febrero, para respaldarlo: «Tenemos un presidente, un estadista que rompió con el viejo régimen y todos los días consolica un nuevo modelo económico, social, ético que nos representa en el país, en el continente y en el mundo entero».

LOS GOBIERNOS ESTATALES HAN UNIDO FUERZAS PARA DEFENDER AL PRESIDENTE.

Para marzo casi le declaran la guerra al Parlamento Europeo por «intervencionista» y por haber lesionado severamente nuestra dignidad nacional. Además, criticaron que hubieran callado ante los fraudes electorales de 2006 y 2012; sí, la cantaleta de siempre.

En abril, otro desplegado, esta vez para acusar al INE porque, a pesar de haber hecho lo posible para que la revocación de mandato fracasara, el pueblo le mostró su amor a nuestro amado líder y votó en contra de dicha revocación.

Es un hecho que buena parte de los gobernadores y las gobernadoras de Morena traen buena escuela: saben ser disciplinados, doblar las manitas e inclinarse ante el presidente con un chasquido de dedos. Y es que no podía ser de otra forma: ocho de ellos se graduaron en el PRI.

Julio Menchaca, góber de Hidalgo, fue 35 años tricolor; Américo Villarreal, de Tamaulipas, 33 años, y dejó el priismo porque quería «mantener sus principios»; Layda Sansores, 30 añitos de revolucionaria institucional; Miguel Ángel Navarro, de Nayarit, 29 años de militancia; Alfonso Durazo, de Sonora, 21 años y luego fue panista, perredista, de Movimiento Ciudadano y finalmente de Morena; Lorena Cuéllar, de Tlaxcala, 20 años; Miguel Ángel Barbosa, de Puebla, 17 años, y David Monreal, solo 9 añitos. Juntos suman 194 años de experiencia priista que ahora explotan en las filas de Morena.

AR

CON EL APAGÓN, QUÉ COSAS SUCEDEN...

DE LA MANO DEL LICENCIADO MANUEL BARTLETT, LOS APAGONES SON DEMOCRÁTICOS. TOCAN HASTA EN PALACIO NACIONAL.

ES TODO UN RÉCORD: NO ES FÁCIL APAGAR MEDIO PAÍS. ¿CUÁL FUE LA CAUSA? QUE SE INCENDIÓ UN PASTIZAL EN TAMAULIPAS.

¡DEJÓ A 16 ESTADOS SIN LUZ!

Pues sí, ha habido apagones. Muchos apagones. Está, por ejemplo, aquel que dejó a 16 estados sin luz durante no menos de dos horas, a finales de 2020. Hay que decirlo, es todo un récord: no es fácil apagar medio país, no al menos si uno vive lejos del socialismo real, o sea, de Cuba o de Corea del Norte. ¿Cuál fue la causa? Que se incendió un pastizal en Tamaulipas. Al menos eso nos explicó la Comisión Federal de Electricidad (CFE), porque luego el gobierno de Tamaulipas acusó a la CFE de falsificar un documento para responsabilizar a la administración tamaulipeca. Y bueno, el documento exhibido por la Comisión, en el que Protección Civil de Tamaulipas teóricamente confirmaba el incendio, tiene firma, folio y logotipos chocolatos.

Luego vino el apagón de febrero de 2021: Sinaloa, Sonora, Durango, Chihuahua, Coahuila, Nuevo León. Fue otro asunto de mala pata, si le creemos a la CFE: se congelaron los ductos de suministro en Texas por un «vórtice polar». Pinches vórtices. Pero el sur también existe, para citar a los clásicos. Antes, en 2019, hubo tres apagones en Yucatán. ¿Por qué?

EL DIRECTOR DE LA COMISIÓN, DON MANUEL BARTLETT, HOMBRE DE MUCHO CARÁCTER Y MÁS PROPIEDADES, DIO UN MANOTAZO EN LA MESA Y DIJO: «SE ACABÓ. NI UN APAGÓN MÁS». Y SE APAGÓ PALACIO NACIONAL.

Más incendios: uno en Campeche, que dejó en las sombras un buen pedazo de eso, de Yucatán, y otro de Quintana Roo, y otro incendio en Yucatán, que dejó con velas y linternas a 85% de los ciudadanos de ese estado, de Quintana Roo y de Campeche. Bueno, con velas, linternas y, probablemente, veladoras, no tanto por la iluminación como por ver si alguna instancia superior llegaba en ayuda de la ciudadanía, porque la CFE como que no anduvo muy rauda. El tercero fue por culpa de la «salida de operación de dos líneas».

El director de la Comisión, don Manuel Bartlett, hombre de mucho carácter y más propiedades, dio un manotazo en la mesa y dijo: «Se acabó. Ni un apagón más». Pero el hombre propone y las «salidas de operación» disponen. Hubo otra en junio de 2022, que dejó sin luz a 63% de la península del sur, algo así como a 1.3 millones de personas. Claro que los apagones son democráticos. No son solo Yucatán y el norte. A la otra península, la de Baja California, le tocó uno en septiembre de 2021, dos meses después de que no ya don Manuel, sino el presidente mismo, en una conferencia mañanera, dejara caer la certeza de que ni uno más. Trescientos mil bajacalifornianos tuvieron que estar en desacuerdo.

ES EVIDENTE QUE NO QUIEREN A MANUEL BARTLETT ESTOS CONSERVADORES.

Para dejarnos de detalles y hablar en números redondos, en 2021 la CFE rompió cualquier récord: 42% de aumento en el número de apagones y 190% de aumento en la duración de los mismos. Y hay otro récord. En el fatídico diciembre de 2020, la Comisión arrasó con todas las cifras: 10 millones de mexicanos a oscuras durante una hora. No lo había logrado nadie en 17 años, por lo menos.

Don Manuel, sin embargo, sigue en el cargo a pesar de los apagones y del otro récord, el de pérdidas en la Comisión, que en 2021 quedó con un saldo negativo de 106 mil millones de pesos, a pesar de que le cayeron 70 mil millones en subsidios cortesía de Hacienda, y que superó con creces las pérdidas del año anterior, que andaban arriba de los 70 mil millones. En 2017, el año previo al triunfo del presidente López Obrador, la CFE tuvo ganancias por 107 mil millones.

> EL LICENCIADO BARTLETT NO ES EL VERDADERO RESPONSABLE DE LA EPIDEMIA DE APAGONES.

Podríamos apoyarnos en otra clásica, esta de la escena mexicana, la inmortal Yuri, para preguntar: «Con el apagón... ¿qué cosas suceden?». La respuesta es: nada. A a hora de garabatear estas notas, insistimos, el licenciado Manuel Bartlett sigue firme en su puesto, incluso cuando se le descubrieron un montón de propiedades con origen difícil de explicar, como apuntábamos antes, o cuando una investigación puso sobre la mesa que el Departamento de Justicia estadounidense sigue tras sus huesos por el asesinato de Enrique Camarena, agente de la DEA, a manos del narco. La verdad, sin embargo, es que se entiende que siga en su puesto. A fin de cuentas, el licenciado Bartlett no es el verdadero responsable de la epidemia de apagones. Lo dejó claro el presidente de la República: «Es evidente que no quieren a Manuel Bartlett estos conservadores... y muchos, yo respeto a todos... hay un grupo que no quiere a Bartlett. Es más, no es con Manuel Bartlett, es con el presidente, porque Bartlett depende del titular del Ejecutivo, yo lo nombré. Piensan que Manuel Bartlett es el intransigente. No, es que yo le estoy pidiendo...», dijo el otro licenciado, el licenciado López. Y qué bueno que pudo decirlo, porque si lo hubiera intentado decir el 20 de enero de 2021, le hubiera resultado imposible. Ese día, a eso de las 7:55 de la mañana, el apagón fue en Palacio Nacional, en plena conferencia mañanera. Lo dicho: con la 4T, los apagones son democráticos. Esto ya cambió.

JP

EL FIN DE LA ENERGÍA EÓTICA

EL PRESIDENTE NO LO PERMITIRÁ: LOS VENTILADORES NO LE ROBARÁN EL AIRE AL PUEBLO. LA ENERGÍA «EÓTICA» VERÁ TERMINADOS SUS DÍAS EN SUELO MEXICANO.

Todo empezó antes de que nacieras, hijo. Los neoliberales llegaron a México y llenaron el sagrado suelo patrio de esos reguiletes tan feos, instalados por la corrupción, que funcionan con energía eótica. Ah, cómo han afeado el país. Mira nada más lo que hicieron con La Rumorosa. La echaron a perder. Tantas veces que paseé por ahí, en mi larga marcha hacia la presidencia... ¿La energía eótica? Ah, pues es la que produce el viento. Sí, el neoliberalismo no solo afeó todo el paisaje natural, sino que puso esos ventiladores ahí para robarle el aire al pueblo. Pero eso se acabó. La Cuarta Transformación le heredará a México, lo que significa: te heredará a ti, hijo, formas populares y no neoliberales de producir energía. Formas no corruptas. Formas viriles, como el carbón y el combustóleo. ¿Combustóleo? Ah, es la joya de la corona. Un gran regalo de la naturaleza y de Pemex. Es... ¿cómo te explico? Deja el Nintendo un momento, m'ijo. Estamos platicando. El combustóleo es... ¿Has oído eso que dicen, que del puerco se aprovecha absolutamente todo, desde las patitas, tan ricas, como las que cenamos ayer, hasta la sangre, para la moronga que probamos aquella vez en Tlalpujahua con su salsita verde? No, no: lo del beisbol no fue en Tlalpujahua. Eso fue en Chiapas, con el tío Piíto. Ándale, el día de los tamales de chipilín, que también eran con puerco. Bueno, el petróleo es igual que ese animalito. Todo se aprovecha. Después de que lo refinas y se convierte en la gasolina con que se mueven las Suburban que me llevan a conocer al pueblo bueno en todas partes, queda eso, combustóleo. Bueno, pues el tío Manuel lo quema y con eso produce energía eléctrica. No, no se fue la luz en todo Yucatán porque se acabó, cómo crees. Fue por el desastre que nos dejaron los neoliberales y por un

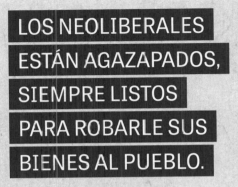

LOS NEOLIBERALES ESTÁN AGAZAPADOS, SIEMPRE LISTOS PARA ROBARLE SUS BIENES AL PUEBLO.

incendio. El petróleo no se acaba. Dios ama a México y por eso lo bendijo con una fuente inagotable de esa materia prima sagrada. ¡Claro que es cierto! Pregúntale al padre Solalinde. Vas a ver que me da la razón. No, no es que me dé la razón en todo. Es que se rige por los Evangelios, como yo.

La cosa es que, por eso, para enfrentar a la mafia eótica, es que tu papá quiso sacar adelante una reforma constitucional que garantizara energía a bajo costo para el pueblo. Pero, como te he dicho, los neoliberales están agazapados, siempre listos para robarle sus bienes al pueblo, y de paso para desacreditarnos. Te cuento esto... Deja el Nintendo, hijo, por favor... Te cuento esto porque vas a leer cosas muy negativas sobre mí. Que por mi culpa el país va a perder tres mil millones de dólares anuales en inversión de las empresas eóticas, por ejemplo. O que el costo para el medio ambiente va a ser elevadísimo. O que la inversión en general va a seguir escapando. O que vamos a pasar años en los tribunales por no cumplir con los compromisos corruptos que asumieron los conservadores. La verdad es que esa reforma hubiera sido mi legado más importante para el país, después de la revolución de las conciencias. ¿Cómo dices? Sí, claro que el tío Manuel es parte de la revolución de las conciencias. Es un patriota. No, no tiene mala vibra. Es la presión que implica tener el futuro energético de la patria en tus manos.

En fin, ¿hay algo que quieras preguntarme para terminar? Acuérdate de que hoy tu mamá va a recitar poesía y tenemos que estar ahí. No, no puedes quedarte a acabar el jueg... ¡Uy, otra vez! Oye, no digas esas palabras sobre el tío Manuel. Ahorita regresa la luz. ¡Ramírez! ¡Comuníquese a la CFE, por favor!

JP

267

ADIÓS A LA ESTATUA DE LA LIBERTAD

NUESTRO PRESIDENTE: UN HOMBRE UNIVERSAL.

QUE SE COMPONGA UN NUEVO HIMNO NACIONAL A SU MAYOR GLORIA: «LA TABASQUEÑA».

No podemos terminar esta historia parcial de la 4T sin recordar el momento definitivo de la consagración universal de nuestro presidente. ¿El nombre de Andrés Manuel López Obrador aparecerá en letras doradas, digamos, en San Lázaro o en el Monumento a la Revolución? Sin duda, siempre que la gesta morenista siga su camino milenario. ¿Terminará siendo nombrado Hijo Pródigo de Tabasco, Presidente Eterno, Primer General de Seis Estrellas, el Heródoto del Trópico Ardiente y Primer Magistrado Honorario de la Suprema Corte de Justicia de la Nación? Cabe suponerlo. Sí: el presidente entrará a los libros de texto, merecerá un mural en Palacio Nacional, y no descartamos —queda aquí la idea para quien quiera materializarla— que se componga un nuevo himno nacional a su mayor gloria. «La Tabasqueña», digamos. No hay duda: nuestro presidente es un punto ce inflexión en la historia nacional, un hombre que es en sí mismo una nueva era de la mexicanidad. Pero es más que eso: es un hombre universal, un líder de alcances planetarios. *El sueño de Andrés*, para citar el libro ya clásico, es un sueño global. Hoy, con orgullo patriótico, podemos decir que el camino que empezó con aquella referencia a Mussolini en la CNU, la propuesta de la fraternidad universal como remedio a la pandemia en el G-20, lo de llamar «presidente Kabala» a la vicepresidenta Kamala Harris o lo de donarle una lanita a California para que eche a andar el programa Sembrando V da encuentra su culminación en la propuesta de que, si aprisionan a Julian Assange, se haga una campaña para «desmontar» la Estatua de la Libertad.

Bien ahí, supremo líder. Solamente una sugerencia, más que una crítica: propongamos cómo se va a llenar el hueco que dejará la estatua. Enseguida, algunas propuestas que, confiamos, resultarán de su agrado:

Propuesta 1:

El cuarto bat. En el mismo emplazamiento de la estatua, viendo al mar, con esa mirada beatífica de quien ya no se pertenece porque es uno con los desheredados de la tierra, se yergue la imagen de Andrés Manuel López Obrador, el nuevo Benemérito de las Américas, la mirada clavada en el horizonte, allá de donde llegan los migrantes que no detuvo el Instituto Nacional de Migración. La figura será 10 metros más alta que la de su predecesora, y muestra al presidente erguido, con esa figura de corredor keniano, el brazo derecho alzado no con una antorcha, sino con un bat de beisbol.

AG

Propuesta 2:

AG

La cabeza de López. La única figura de la historia de México que se acerca a la grandeza del licenciado López Obrador es la de Benito Juárez, merecedor de una estatua monumental, emblemática, que saluda a los peregrinos que se acercan a Iztapalapa por avenida Guelatao. La estructura, las dimensiones y la estética a lo Siqueiros deben conservarse, aunque podría atenuarse un poco el aspecto de «maquillaje *drag queen*-muralismo con *delirium tremens*» que distingue a la pintura de la pieza original.

Propuesta 3:

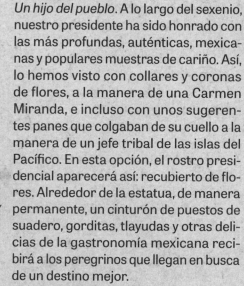

AG

Un hijo del pueblo. A lo largo del sexenio, nuestro presidente ha sido honrado con las más profundas, auténticas, mexicanas y populares muestras de cariño. Así, lo hemos visto con collares y coronas de flores, a la manera de una Carmen Miranda, e incluso con unos sugerentes panes que colgaban de su cuello a la manera de un jefe tribal de las islas del Pacífico. En esta opción, el rostro presidencial aparecerá así: recubierto de flores. Alrededor de la estatua, de manera permanente, un cinturón de puestos de suadero, gorditas, tlayudas y otras delicias de la gastronomía mexicana recibirá a los peregrinos que llegan en busca de un destino mejor.

Propuesta 4:

La última cena. En el centro, el presidente. A su derecha y su izquierda, Marcelo Ebrard, Manuel Bartlett, Alejandro Gertz Manero, el padre Solalinde, Claudia Sheinbaum, Mario Delgado, Rocío Nahle, Adán Augusto López, Cuitláhuac García, Layda Sansores, Gerardo Fernández Noroña y Judas: Ricardo Monreal. Esta opción tiene una ventaja sobre las otras: subraya el carácter divino de la gesta presidencial, el estatus mesiánico del líder de la gran transformación.

AG

JP

CRÉDITOS DE IMÁGENES

Intervención de imágenes por parte de Antonio Garci (AG) en páginas: 20, 24, 38, 40, 48, 52, 53, 70, 74, 76, 90, 97, 114, 128, 160, 166, 171, 198, 202, 203, 208, 222, 223, 258, 259, 269, 270 y 271.

Fotografías de El Financiero
Pp. 24, 31, 38, 64, 74, 85, 89, 95, 110, 114, 150, 170, 171, 208, 212, 222, 223, 237 y 252: © Lucía Flores / El Financiero.

Pp. 20, 48, 66, 70, 76, 97, 106, 128, 151, 175, 198, 202, 203 y 250: © Nicolás Tavira / El Financiero.

Fotografías de Proceso Foto
Pp. 197 Y 211: © Benjamín Flores / Proceso Foto.

P. 233: © J. Raúl Pérez / Proceso Foto.

Fotografías de Creative Commons
P. 40, fotografía de escapulario: © FranciscoRF.
Escapulario de la Virgen del Carmen que llevaba el padre Eugenio de San José O.C.D. el día de su martirio, que durante años conservó su hermano Alfredo.
Hoy conservado por su familia.
Disponible en: https://commons.wikimedia.org/wiki/File:Escapulario_del_P._Eugenio_de_San_Jos%C3%A9_O.C.D..jpg

P. 43, fotografía de Hernán Gómez: © Milton Martínez / Secretaría de Cultura de Ciudad de México
Ciudad de México, 11 de julio de 2019. En el Teatro de la Ciudad Esperanza Iris, inició Diálogos de Verano 2019. Fiesta de las ciencias y las humanidades, con la charla La 4T a la báscula, con la participación del investigador y docente Armando Bartra; la senadora Citlalli Hernández

Mora; el analista político y periodista Hernán Gómez, bajo
la moderación de José Alfonso Suárez del Real y Aguilera,
secretario de Cultura de la Ciudad de México.
Disponible en: https://www.flickr.com/photos/culturacd
mx/48265799157/in/photostream/

P. 52, fotografía de Epigmenio Ibarra: © EneasMx.
Disponible en: https://commons.wikimedia.org/wiki/
File:Epigmenio_Ibarra_1.jpg

P. 53, fotografía de Epigmenio Ibarra: © ProtoplasmaKid.
El productor Epigmenio Ibarra durante la Marcha-mitin en
defensa del petróleo en el Monumento a Colón en la ciudad
de México.
Disponible en: https://commons.wikimedia.org/wiki/
File:Epigmenio_Ibarra.jpg

P. 90, fotografía de Manuel Espino: © Talento Tec.
Manuel Espino en la presentación de su libro Calderón de
cuerpo entero en el ITESM-Campus Ciudad de México.
Disponible en: https://commons.wikimedia.org/wiki/
File:03122012Manuel_espino012.jpg

P. 117, fotografía de Delfina Gómez: © EneasMx.
Militante del Movimiento Regeneración Nacional (Morena)
y excandidata a la gubernatura del Estado de México.
Julio 2017.
Disponible en: https://commons.wikimedia.org/wiki/
File:Delfina_G%C3%B3mez_%28cropped%29.jpg

P. 145, fotografía de Arturo Zaldívar: © Ga am2.
Disponible en: https://commons.wikimedia.org/wiki/File:
Ministro_Presidente_Arturo_Zald%C3%ADvar_%28cro
pped%29.jpg

P. 160, fotografía de Marx Arriaga: © Tania Victoria /
Secretaría de Cultura de Ciudad de México.
XVIII Feria Internacional del Libro en el Zócalo de la Ciudad
de México, en el Foro Movimiento de 1968, se presentó
la revista Tepic literario. Revista mensual de literatura.

Edición facsimilar, de Beatriz Gutiérrez Müeller (Ed. Del Lirio). Con la autora, Marx Arriaga Navarro, Marcos Daniel Aguilar y Rubén Mendieta.
Disponible en: https://commons.wikimedia.org/wiki/File:MX_TV_TEPIC_LITERARIO_%2831498795448%29.jpg

P. 166, fotografía de Armando Guadiana: © RML / Senado de México.
Senador Armando Guadiana Tijerina en el pleno en octubre de 2018.
Disponible en: https://commons.wikimedia.org/wiki/File:Senador_Armando_Guadiana_Tijerina_en_el_pleno.jpg

Pp. 169 y 174, fotografía de John Ackerman: © UrielRz698.
Disponible en: https://commons.wikimedia.org/wiki/File:John_Ackerman.jpg

P. 238, fotografía de Yeidckol Polevnsky: © De Troya.
Disponible en: https://commons.wikimedia.org/wiki/File:Yeidckol_Polevnsky.jpg

P. 258, fotografía de Andrés Manuel López Obrador con Alejandro Moreno Cárdenas durante la reunión plenaria con el Lic. Andrés Manuel López Obrador, en la Declaratoria de la LVI Reunión Ordinaria de la Conferencia Nacional De Gobernadores 2019. Ciudad de México, 30 de abril de 2019. Fuente: Conago.
Disponible en: https://www.conago.org.mx/reuniones/2019-04-30-ciudad-de-mexico-galeria-privada-amlo

P. 259, fotografía del presidente Andrés Manuel López Obrador con las gobernadoras y los gobernadores de los estados de la república mexicana durante la Declaratoria de la LVI Reunión Ordinaria de la Conferencia Nacional De Gobernadores 2019. Ciudad de México, 30 de abril de 2019. Fuente: Conago.
Disponible en: https://www.conago.org.mx/reuniones/2019-04-30-ciudad-de-mexico